To make an obedient c
be firm but fair

让孩子听话的秘密

的秘密

——一套神奇的暗示教养法

蔡仲淮 著

经济管理出版社

ECONOMY & MANAGEMENT PUBLISHING HOUSE

图书在版编目（CIP）数据

让孩子听话的秘密：一套神奇的暗示教养法/蔡仲淮著．—北京：经济管理出版社，2016.3

ISBN 978 - 7 - 5096 - 4257 - 3

Ⅰ．①让… Ⅱ．①蔡… Ⅲ．①儿童教育—研究 Ⅳ．①G61

中国版本图书馆 CIP 数据核字（2016）第 035576 号

组稿编辑：张　艳
责任编辑：张　艳　钱雨荷
责任印制：黄章平
责任校对：雨　千

出版发行：经济管理出版社
　　　　　（北京市海淀区北蜂窝 8 号中雅大厦 A 座 11 层　100038）
网　　址：www. E - mp. com. cn
电　　话：(010) 51915602
印　　刷：三河延风印装有限公司
经　　销：新华书店
开　　本：710mm×1000mm/16
印　　张：14.25
字　　数：175 千字
版　　次：2016 年 5 月第 1 版　2016 年 5 月第 1 次印刷
书　　号：ISBN 978 - 7 - 5096 - 4257 - 3
定　　价：38.00 元

推荐文

1

这是一本适合所有父母育儿的参考书！

我是一个拥有三个孩子的妈妈，在育儿的过程中，也遇到过很多问题，可是每个孩子在不同的时期可能出现的问题都可以在本书中找到答案，特别是儿童不良行为矫正技巧更是非常实用。蔡老师把每个步骤都给我们做了清晰展现，每位读者都可以轻松掌握暗示教养法。

蔡老师是我在英国 Surrey 大学同校毕业的师兄，能够结识蔡老师并跟随他继续研究学习心理学，我感到非常高兴！他是一名非常专业且负责任的老师，在他的完形治疗与催眠技术课堂上，他总能将繁琐复杂的理论知识讲解得简单明了，课堂上的每个学生都能清晰地掌握方法。本书中他所创造的一套暗示教养法，将催眠技术运用到育儿领域中，是非常棒的一套教养方法，其中还包括了他个人对于怎么培养出一个优秀的孩子的见解，也是很值得当代父母思考借鉴的。

在我的身边，亲戚朋友经常会问我一些育儿的问题，比如，如何才能教育好孩子；我的孩子很不听话，我该怎么办？不可否认，有这样困惑的父母有很多，但是大多数父母都是孩子出了问题才会来寻求帮助，甚者只是抱怨一下孩子多么不听话而已，如果让其付出时间和精力去学习或者训练的时候又缺乏动力。

我想告诉所有父母的是，在孩子来到这个世界的时候，你们都是满怀希望和爱的，而这份希望和爱是需要正确的方式去表达和传递的，这是一项技能，只要通过学习就可以获得。

每个孩子都是独特的，在教育方法上我们应该根据孩子的特点和家庭环境的不同作出相应的调整。我相信，天下所有的父母都是深爱自己的孩子的，可是在生活中和咨询中依然能够看到很多问题儿童，仔细研究起来，其源头都与父母有关。

本书中提到，父母是孩子第一任老师，为了扮演好父母这个角色，就要不断提升自我素质，不断学习和积累教养孩子的知识和能力，只有这样，才能更好地承担起教子成才的重任，才能逐渐净化孩子的心灵，成为孩子的心灵工程师。然而，我的切身体会是，孩子也是我们的老师，他促使我们去学习、去改变、去提升；因为孩子，我们的心灵也逐渐得到了净化。愿这本书可以带给父母更多的启发，愿每一个家庭幸福美满。

陈 思

2015 年 12 月 4 日 于多伦多

2

暗示教养——开启幸福家庭的钥匙。

大文豪托尔斯泰曾说："所有幸福的家庭都是相似的，但不幸的家庭却各有各的不同。"

在从事儿童青少年心理咨询的工作时，我遇到过耍赖胡闹、依赖退缩、学习不力、人缘欠佳，或者说谎偷窃、叛逆攻击，乃至手足纷争、亲子冲突等问题，总是看到每位家长疲于奔命却又不知所措的无奈。除了竭尽所能地对他们进行协助与支持外，我也经常会思考，究竟要用什么样的方式才能更好地帮助家长，更好地辅助孩子成长。

然而，在累积多年的经验之后我逐渐发现，不仅所有成功的教养都有相似的原因，每个失败的家庭也都源于同样的历程，而其关键因素即在于家庭教育及沟通的品质。

我们总以为唯有父母在被困扰的情况下采取某种反应才会危害儿童，不幸的是，即使有爱心与行为端正的父母也会责骂、侮辱、归罪、威胁、贿赂、惩罚、念经与说教。

为什么呢？因为大多数的父母都没有察觉到负向沟通的杀伤力。他们发现，自己经常会说出双亲当年对他们所说出的话，而这些他们不喜欢的话却不经意地从自己的嘴巴里脱口而出。这种沟通悲哀的出现，通常不是缺少关爱而是缺乏了解，不是缺少智慧而是缺乏知识。

所幸，《让孩子听话的秘密——一套神奇的暗示教养法》就是帮助父母最好的入手书。书中深入浅出地一步一步带领着家长们先从基本观念启程，逐渐涉入潜意识的广阔海洋，利用积极心态的风帆，乘风破浪地运用各种暗示教养的技巧，包含正向暗示、建立信心等技术，抵达一座又一座的问题小岛，征服一个又一个小岛上的阻碍，最后抵达幸福家庭的彼岸。这就是暗示教养的魅力，也是蔡仲准博士集其领域之所成而落实于亲子教育之中。

父母完全可以帮助孩子成为一个受人尊重的人，成为一个有感情、有抱负、有勇气的人。可是，要想达到这些目标，我们需要用更有效的方法，光有爱是不够的。聪明的父母需要技巧，如何得到与使用技巧是本书的主轴。

希望这本书能够帮助父母把有用的技术融入亲子关系中去实践，也希望这本书能够帮助父母认清自己在与孩子的关系上达到什么样的目标，并且拥有达到这些目标的方法。

栽培花草需要精心照料，浇水、光照、剪枝等，缺一不可，甚至要常放些优美的音乐。只有在这样的环境下，花草才能枝繁叶茂，茁壮成长。据说，在亲子不和、经常吵闹的家庭里，花草也不容易成活。植物尚且如此，何况是人？

孩子的成长需要父母的爱护、老师的指导以及社会的关注，而不是简简单单的衣食无忧就行了。为了让孩子健康成长，就需要父母的爱。在这纷繁复杂的世界里，能够守护孩子的，也只有双亲的爱，《让孩子听话的秘密——一套神奇的暗示教养法》会让你献给孩子最优质的无私之爱！

陈伯炜

3

当我拿到这本书稿的时候，给我的第一感觉除了兴奋和喜出望外，还觉得这就是我最需要的！心理老师们有福了，爸爸妈妈们有福了！最重要的就是孩子们有福了！

我是一名心理老师，跟随蔡仲淮博士学习催眠治疗和完形治疗多年。在我的职业生涯中，经常会遇到孩子因为心理问题前来咨询。在咨询中，能够很清楚地看到，孩子的心理问题确实与父母的教养息息相关。

是父母不爱孩子吗？当然不是！主要原因就在于，父母很少懂得如何科学地教养孩子，往往在无意识中沿用自己曾经的教养方式，要么打骂责罚（相信棍棒出孝子），要么娇纵溺爱……当我跟他们讨论这些问题的时候，父母们的无力感也深深触动着我。他们经常会说："我们也好想学一学，但是众多的亲子教养书籍中哪一本才是更适合的呢？"是的，关于教养孩子的书籍比比皆是，哪一本才是更适合的呢？正在我苦苦寻找更科学的育儿宝典的时候，蔡仲淮博士的这本《让孩子听话的秘密——一套神奇的暗示教养法》书稿寄到了我的案头。

暗示教养法是蔡仲淮博士融合了催眠技术所独创的一种科学的教养方法，是多年来蔡博士对人生意义以及儿童教养的目标研究的结晶。经过十多年对数百位儿童的实践，不断修正和改进，不仅提供了科学的教养理念和教养方法，更是以实例说明具体的操作方法，简单易学；书中不仅从发展心理学的视角解释了儿童在生长发育的过程中每一个关键期所要完成的心理和生理的发展任务，还从潜意识法则入手，深入浅出地解析了人的潜意识功能；而且，书中还提供了大量行为改造的案例和方法，可以详尽具体地指导家长如何利用暗示教养法教养孩子，从而达到事半功倍的效果。

写到这里，让我想起了龙应台的一句话："父母也是有'有效期'的，必须在孩子最依赖父母的十年里及时用心教养，提供依靠"。作为孩子的妈妈，我深深地懂得这句话的含义。能够陪伴孩子成长就是那么短短的几年，每每想起这些的时候，我都想要把最好的给孩子。

跟随蔡老师学习的过程中，他总是让我先关注家庭，关注孩子，关注孩子教育的每一个关键期。感谢蔡老师一路的引领和指导！现在，这本书更是给了我教育的依据，我更有信心成为一名合格的妈妈和合格的心理工作者了。

真心希望这本书能够走入每一个家庭，祝福每个家庭和谐、幸福！

冯 磊

序

孩子不听话的原因。

奇奇是个健康可爱的小女孩，大家都十分喜欢她。日子一天天过去，她一天比一天能说会道、聪明机灵，可是妈妈却开心不起来，反而越来越觉得头疼。为什么？在过去，不管妈妈说什么，奇奇都会认真地听，认真按照妈妈说的做，可是如今的她再也不像以前那样乖了，还会动不动大声宣告："我不要、就不、我就要……"

即使是一点小事，母女俩也可以爆发一场战争。妈妈给她穿的衣服，她不喜欢，要按自己的喜好换，否则就不肯出门；妈妈不让她吃太多的糖，可她就是要吃，不给她就哭；到了睡觉的时间，她就是不愿意，除非看完动画片才上床，结果第二天早上起不来；看到喜欢的东西，如果不买给她，就会当街哭闹，让妈妈颜面尽失……妈妈感到很无奈，可是打也打了，骂也骂了，奇奇却屡教不改……

其实，上面所描述的情况，在生活中屡见不鲜。怎样让孩子听话是父母最常遇到的问题。只有当孩子注意听并且遵守时，才能对其进行有效的教导，否则是无法引导他们的。所以，让孩子听父母的话，也就成了家庭教育的关键。

那么，究竟从什么时候开始，孩子开始不听话了？是什么事情让孩子变得不听话了呢？

1. 婴儿时期

0~3 岁是儿童生理发育最迅速的时期，也是个体心理发展最迅速的时期。从 2 岁开始，伴随着生理的发育，孩子的运动能力会逐渐加强，身体活动能力也会逐渐加强。2 岁的儿童基本上可以独立行走、跑步、跳跃，因此产生探索的欲望；同时，他们的自我意识也开始萌芽，会本能地不断去独立尝试做各种事，开始体验"我"自己的力量。

比如，有些孩子什么东西都想抓过来玩，看到什么都新奇，喜欢爬上爬下，喜欢问为什么；有些孩子喜欢自己走路，不愿意妈妈抱着；有些孩子不让妈妈喂饭，要自己吃饭；等等。很多时候，家长会对孩子的行为加以阻拦和限制。对于家长的阻拦和限制，很多孩子并不会记住，下次会照样好奇地探索，这样家长就会觉得孩子开始不听话了。

在这个阶段，家长之所以要阻止和限制孩子，大多是因为担心孩子的行为会对其造成身体上的伤害。比如，孩子玩火，可能会被烧伤；到处乱跑，可能会摔倒撞倒；去拿筷子硬币之类的东西玩，可能会刺伤自己；等等。有的家长则是觉得，孩子的行为会给自己造成麻烦，比如，孩子想自己吃饭，可是妈妈却觉得浪费时间，而且会弄脏衣服和地板。对于这样的事情，虽然说进行阻拦无可厚非，可是一味地阻碍孩子的运动探索，对孩子的发展是非常不利的。

著名儿童心理学家皮亚杰曾说过："心理发展起源于个体的动作。"也就是说，孩子是通过自己的行为动作不断获得感性经验的，继而发展出对世界的初步认识、发展自身的能力、提高认知水平。

要知道，直接的感性经验比间接经验更容易让孩子理解和记忆，例如让孩子自己接触不同温度的水，水温稍高，孩子就会引起不适，因此不会被烫伤，这样还可以让他们对温度和烫的概念有个直观认识，远比用话语更容易理解，可以有效避免今后的被烫。因此，适当地培养孩子行为独立，对他们的身体、智力发展都是十分有益的。所以，家长应对其进行适当的引导，在安全范围内尽量让孩子发展自己的主动性，多一些体验和经验。

2. 幼儿时期

（1）3 岁以后。

一方面，孩子 3 岁以后，语言能力得到进一步完善。随着身心各方面的发育和生活范围的扩大，他们的独立性也会增强。他们对外界充满了好奇和探索的欲望，会初步产生参加社会实践活动的愿望。

这时的孩子，经常会不完成家长的要求，或不愿意完成家长的要求；喜欢发脾气，故意做"坏事"。由于儿童本身生理发育的限制，他们还不能很好地控制和调节自己的行为，比如，他们的活动空间虽然比婴儿时期大了，可以自己出去玩了，但依然无法很好地控制玩的时间，结果只要一玩起来就不想回家。

另一方面，他们有一定的自我意识，但对事物进行判断时，还会以自我为中心，不懂得采纳别人的观点；缺乏知识经验，不知道该如何解决问题，比如，天凉了，让他们多穿一件衣服，可是他们就是不愿意，故意在家长看不到的时候脱掉，结果着凉患上感冒。

（2）4 岁左右。

在 4 岁左右，部分孩子会出现攻击性行为，对其他孩子甚至对父母进行身体攻击。例如，与其他孩子发生争执，一方面无法控制自己的行为和情绪，另一方面找不到其他的方法排解，只能付诸暴力行为。

对于孩子的攻击性行为和贪玩的心理，家长应该有个科学的了解。孩子的攻击性行为是随着自我意识的发展自然产生的，通过父母的正确引导是可以减少和消失的。心理学家认为，游戏是适合幼儿特点的活动方法，也是促进幼儿心理发育的最好的活动方式，可以让孩子在游戏中学习和成长。

对各种早教班、兴趣班，家长应该严肃对待，要真正了解孩子的生理与心理，认真了解这些培训班的性质和课程。

3. 儿童期

6 岁、7 岁到 12 岁、13 岁，儿童通常都会进入小学阶段的学习。这是儿童心理发展的一个重要转折时期，这时候学习活动会逐步取代游戏活动而成为儿童主要的活动形式。

在这个时期，孩子会学会观察、思考和反省。特别是当孩子升到小学高年级之后，对于家长的话，他们会不自觉地进行"再加工"，进行重新认定和选用。如果自己的想法和家长的想法出现了矛盾，他们就会采取这样的思考方式——"二难—权衡—抉择"。其中，二难是经常遇到的问题，权衡是一种智慧，抉择是一种策略，于是就会出现孩子不听话的情形。

虽然孩子的思维日渐发展，并且逐渐学会理解他人的想法，可是总的来说还是初步抽象逻辑思维的形式，只有经过家长有计划的训练，才能更好地得到发展与完善。学校的教育是我们无法左右的，家长要正确引导这个阶段的孩子，这也是本书所要提到的重点之一。

4. 青少年

11 岁、12 岁到 14 岁、15 岁是青春期，这时候孩子的身体会迅速发育并逐渐成熟。可是，他们的心理并不会像生理那样发育成熟。

生理上的成熟使得孩子在心理上产生了成人感，他们希望能够获得成人的某些权利，渴望变换社会角色，渴望社会、家长的信任和尊重。可是，由于心理水平有限，认知能力、思维方式还有很大的片面性和表面性，缺乏承受压力、克服困难的意志力，社会经验也十分欠缺，许多期望都不能得到满足，如此就会产生强烈的挫折感，由此产生一系列问题。

青春期是孩子成长为成年人的重要过渡时期，也是自我意识发展的第二飞跃期。这时候，他们开始自我观察、自我反省、自我批评和自我期望，经常会将心智用于内省；他们关心别人对自己的评价，关注"我"自己的感受，体验"我"的各种情绪。这个阶段，家长不仅要多与孩子进行沟通，关爱、理解、支持他们，尊重他们的个性、人格，同时，还要引导他们将体验"我"的负面情绪转为体验正面的情绪。

总之，孩子不听话是他们身心发育的正常结果，父母要了解他们的身心发展特点，根据实际情况，实施教养法，引导孩子转变。本书的重点将放在年龄在 2 ~ 16 岁的儿童，也就是从自我意识萌芽开始一直到青春期。这个时期是儿童个性、思维、智力、道德等发展的主要时期，也是教养最有效的时期；而在孩子的日常生活中，怎样采用催眠暗示的方式使得他们成长为优秀的青年就是本书的宗旨。

前　言

　　一提到优秀孩子，父母们通常都会觉得眼前一亮，因为大家都希望自己能够拥有一个优秀的孩子。如果有方法能让自己的孩子变得更优秀，变得更聪明，大多数父母都会趋之若鹜。于是，当"三岁看终身"、"不要让孩子输在起跑线"的口号喊出来之后，各种智力开发、婴幼儿学外语、才艺班等课程便如雨后春笋般生长出来，激起了父母的狂热追逐，仿佛不尽早为孩子安排这些课程，孩子的未来就堪忧了。

　　真是这样吗？其实，许多看似冠冕堂皇的理论，都是经不起科学验证和缜密思考的。如今，很多家庭都是一个孩子，为了让孩子"有出息"，众多父母都将自己的精力放在了孩子身上，整天带着孩子奔波于各种才艺班，根本就无暇思考这样一个问题：在信息泛滥的今天，什么才是真正有益孩子发展的建议和理论？而这种现象，正是令人感到忧心的地方。

　　为了扶正这些观念和对待孩子的态度，也为了让孩子有一个更好的未来，笔者将十几年来关于大脑发展的研究与亲子沟通的经验也写入此书。

　　作为一名心理治疗师和教育工作者，十几年来，笔者一直都在思考这样一些问题：到底是什么造就了成功的人？是什么让一部分人产生了心理问题？是我们的大脑出了问题，还是我们的教育教养出了问题？为什么人的心理问题频频出现？更容易产生心理问题的是优秀的孩子还是普通的孩子？到底什么是优秀的孩子？

只有明确了这些基本观念，我们的教养才能有的放矢地进行。所以，本书的开始部分会谈谈笔者对这些观念的看法，也就是笔者对儿童教养的基本理念以及暗示教养法的理论基础。

而本书的第二部分主要讲解催眠式教养法，源于米尔顿·艾瑞克森——美国著名的心理治疗师，同时他也是个不可否认的教育家，他和夫人共同养育了8个子女。这些孩子都非常优秀，有的孩子成了著名的心理学家，有的则成为了数学家。当然，作为教育者，他也教育出了许多优秀的学生，如哈利（Jay Haley）、萨德（Jeffrey Zeig）、罗西（Ernest Rossi）、莱卡顿（Stephen Lankton）等。

基于对他催眠的技术、非凡的沟通以及治疗方式的研究，笔者创立了这套儿童教养法。而本书的第二部分就是具体介绍这套教养法的起源、概念以及教养的具体实施步骤。

为了让大家更好地理解和运用这套教养法，在本书的第三部分收集了较为常见的一些儿童教养方面的实际问题，这些案例都是这几年笔者和笔者的学生、朋友遇到过或者矫正过的孩子的问题，供大家参考。

这本书是多年来笔者对人生意义以及儿童教养的目标研究的结晶，经过十多年对于数百位儿童的实践，不断修正和改进，不仅提供了科学的教养理念和教养方法，更是以实例说明具体的操作方法，简单易学；书中还提供了大量行为改造的案例和方法，供家长以及需要的人士参考。

相信采用暗示的方式，家长们必定可轻松地改正孩子的不良行为。

目 录

第二部分　教养方法

第三部分　实务与应用

第四部分　结语

第一部分

基本观念

第一章　什么样的孩子才是优秀的

生活中，我们经常会听到这样的话："我的孩子是神童，5岁就会做小学的题目了！""我的孩子参加画画比赛得了一等奖！""我的孩子10岁钢琴就过了十级！""我的孩子学习成绩在班上一直都是前三名！""我的孩子考上重点中学了！""我的孩子考上名牌大学了！""我的孩子是公务员，铁饭碗！""我的孩子是公司经理，年薪百万！"，等等。

对于这样的孩子，你是否羡慕过？是否对自己的孩子感到焦急？是否希望自己的孩子能像上面所描述的孩子那样？

很多家长都会羡慕别人孩子的优点，他们听话、聪明、看似不用费力就可以十分优秀。可是，自己的孩子呢？难以管教，不听话，不如别人聪明，不如别人优秀，不如别人多才多艺，不如别人口才好，不如别人赚钱多，不如别人有社会地位……

在家长的心目中，自己的孩子永远都是缺点缠身。为了让自己的孩子变得优秀、聪明，家长们费尽心血，可是在这个过程中却忽略了自己孩子的优点和特点。

有的家长一味地将自己的理想、看法强加在孩子身上，希望他们一夜之间都能成为自己想象中的样子。结果，有些家长如愿以偿，确实培养出了

"神童"、"小天才"；而大多数家长都没有如愿以偿。仔细想想看：

这样的"神童"、"小天才"是不是真的优秀？

"神童"、"小天才"真的有意义吗？

什么样的孩子才算优秀？

现在优秀，以后还会一样优秀吗？会成为众人眼中的成功者吗？

你是希望孩子优秀，还是希望孩子幸福？

优秀等于幸福吗？

到底希望自己孩子成为什么样的人？

而这些，就是本章要讨论的问题。

◆ 神童的迷思

例1　4岁智商159的海迪——1岁半就借助电脑自学

英国女童海迪·汉金斯2岁的时候，就能画人物、阅读7岁儿童读物，3岁就能做加减法。4岁的时候，海迪参加了韦氏学龄前儿童智力量表测试，接受了常识、词汇、算术、理解、图画补缺、积木图案等多项测验。结果显示，海迪智商为159，仅比爱因斯坦低一个点。

海迪身高1.17米，比同龄人高一头，接近6岁儿童的平均身高。父母说，海迪从小就显得与众不同，格外聪明。14个月大时，海迪自己就会画公主战植物，而同龄人可能只会在纸上乱涂一气。长到18个月的时候，家人发觉，海迪借助电脑居然可以自学阅读。

父亲马修说："她长得比其他孩子快，无论学业、艺术，还是身体，我们从来都不会强迫她，都是她自己做，自己学。"他说，"女儿并非早熟，与同龄小女孩一样喜欢芭比娃娃、乐高积木，不同的是她能够坐下来安静读书"。

门萨俱乐部总裁约翰·斯蒂夫尼奇说："海迪的父母正确地发现了她所显现的潜能。"

例2　5岁智商160的奥斯卡——智商赶上爱因斯坦

生活在英国伯克夏郡里丁市的乔伊夫妇有一个聪明伶俐的儿子奥斯卡，奥斯卡9个月大就会说话，18个月大就会背诵英语字母表，2岁时就掌握几千个词汇，而同龄儿童的词汇量也就在50个左右。

2009年，夫妻俩带奥斯卡做了45分钟的智商测试，震惊地发现，儿子的智商竟然超过了160，和爱因斯坦的智商不相上下（爱因斯坦生前没有接受过智商水平测试，但专家推算智商为160）。

在2岁零5个月又11天的时候，奥斯卡被英国门萨俱乐部录取为最小的男性成员。妈妈汉娜幽默地说，奥斯卡喜欢打破砂锅问到底，并且具有丰富的想象力。英国"天才儿童信息中心"的评估员称，奥斯卡是他们所见到过的最聪明的孩子之一。该组织成员彼得·康顿博士称，每10万个幼童里才会出现一个这么聪明的孩子。

除了高智商之外，奥斯卡还拥有令人惊讶的"音乐天赋"。当他坐在汽车后座上聆听古典音乐时，会像乐队指挥一样，用手跟着打拍子，还能辨识出各种不同的乐器。当大多数两岁儿童都在游乐场上玩耍时，奥斯卡却兴致勃勃地埋头学习研究野生动植物知识和古罗马历史。

奥斯卡4个月大时就会自己挑衣服穿，词汇量也惊人，能说出复杂的句式。有一次，妈妈喂他吃香肠，小家伙竟然一本正经地告诉妈妈："香肠们正在我的嘴里开派对！"

尽管奥斯卡的潜力过人，但更重要的是父母如何把他培养成才。据悉，母亲汉娜已经向当地的教育部门提出申请，希望奥斯卡能提早两年入学。

例3　中国神童——最年轻的博士张炘炀

张炘炀出生在辽宁省一个普通的家庭，母亲是街道的干部，父亲是学校的老师，两岁半时，就在3个月内认识了一千多个汉字。4岁读小学一年级，6岁升入五年级，9岁直接上高三。

2005年，10岁的张炘炀以510分的成绩考入天津工程师范学院，成为全国年龄最小的大学生。2008年夏天，13岁的张炘炀通过北工大硕士研究生的复试，成为全国年龄最小的硕士研究生，再次成为众人瞩目的焦点。2011年，16岁的他成了中国年龄最小的博士生，被北航数学专业录取。

对于他为什么如此聪明，父亲的回答是："主要还是遗传！我没有采用特别的方法，只不过我们家长都比较重视学习、爱动脑子，经常思考，这对孩子有好处。"

例4　5岁的足球神童查理·杰克逊

2011年11月，英超豪门曼联队签下了一名只有5岁的足球神童，这名神童名叫查理·杰克逊。其实，曼联球探早在他3岁的时候就发现了他难以置信的足球天赋，并在苦等2年之后，也就是他5岁时将其签下。

例5 4岁的音乐神童指挥交响乐团

美国有一名4岁音乐神童叫强纳生，他指挥过一队交响乐团演奏。虽然年龄小，可是却充分掌握了名曲节拍，他用身体语言带领演奏，技惊四座。

强纳生钟爱古典音乐，在他19个月大时首次看到管弦乐团演奏，以后"不管手边有什么，都拿来当成小提琴玩"。父母支持强纳生学拉小提琴，钱德勒交响乐团则义务教他做指挥。2010年，强纳生穿着燕尾服登上了指挥台，带领近30名比他最少大20岁的音乐家，演奏了《电闪雷鸣波尔卡》。强纳生节奏感十足，奏到激荡处更摇头晃脑，赢尽掌声，其表演短片在网络上点击率直逼700万。

例6 英国7岁神童——卖画半小时赚15万英镑

英国天才小画家威廉森被誉为"7岁毕加索"，其过人的绘画才华远近驰名。2010年7月30日，威廉森举办第3次画展。据悉，威廉森30多幅水彩、油彩与粉蜡笔创作，在他居住的诺福克郡霍尔特市"画艺画廊"展出，吸引了包括远从美国亚利桑那州的收藏家前来抢购。有的粉丝甚至还在门外安营扎寨苦守2天，等着进画廊买他的画。结果，不到半小时，作品就被抢购一空，所得共15万英镑。

◇神童有多神

不管是中国还是外国，对神童的报道都是铺天盖地的，那么神童到底有多神？你的孩子是神童吗？什么样的儿童是神童？

在我们咨询中心，经常会有家长满怀希望地带着自己孩子前来咨询：他们的孩子是不是"神童"？如今，心理咨询中心和医院大多采用韦氏儿童智力测验，测量的是儿童的智力水平，较为公认的分段为：一般正常儿童的智商分数在90～110分，110～130分为优秀；智商达到130分以上的儿童，则被称为超常儿童，也就是所谓的"神童"。

智力测验是根据心理学家对儿童各个年龄阶段、各个方面发展的大量研究和调查编订而成的，每个年龄阶段都有不同的对照样本，具有一定的科学性，可是依然存在许多问题：

首先，测量结果是否可以真实地反映所要测量的内容，目前依然是心理学界不断争论的焦点以及反复研究的方向。

其次，目前我国所采用的智力测验量表大部分是由国外公认权威的量表翻译过来的，是否适合中国儿童也是我国心理工作者研究并进行修正的一大方向。

最后，现在心理学者更加关注，将测验的结果与其他因素和非测验得到的信息一起加以综合考虑。

因此，智力水平超常并不仅仅是超常儿童的唯一标准。虽然来到我们中心想要成为"神童"的孩子，我们通常会先给他们做个韦氏智力测验，并且有专业人员操作，可是我们不会给其设定"神童"的称号。

如果孩子的智商达到130分以上，我们会认为，他目前的智力发展比同龄人要好很多；而足球神童、音乐神童等某项或者某些能力超常的儿童，也可以被称为超常儿童。也就是说，我们虽然可以将超常儿童分为智力超常儿童和其他方面的超常儿童，却不能仅仅以智力来划分。

◇ "神童"是天生的吗？我能创造出神童吗

在我们中心，经常会有爱子心切的家长问："我的孩子可以成为神童吗？怎样可以成为神童？"其实，一直以来，我们也在讨论这样一个问题：是什么原因造就了神童，是遗传还是教育？

从最根本的人性出发，大多数家长都希望自己的孩子先天就聪慧异常，但事实上，超常儿童之所以智能超常、非认知心理品质优异，并不仅仅是遗传和先天的聪明，而是与其生理因素、环境影响和所受教育有关。

良好的生理因素是其超常的前提和必要条件，为人的发展提供基础，例如，先天大脑发育不良，要成为正常的儿童本来就会很难；而环境、教育则是决定性因素，若缺乏后天良好的环境、教育，即使天赋再好，在关键期（下文会具体解释）内没有得到发展，也是不可能表现为超常的。

超常儿童的个案研究表明，超常儿童均受到过良好的早期教育。正是良好的早期教育，使儿童的能力得到了充分发展，智力或者特殊能力不断提高。如果早期教育得好，会有更多的儿童表现为超常。

对于生理条件正常的儿童来讲，智力和其他能力的发展主要取决于后天的培养与训练；至于超常儿童兼备的优异的非认知心理品质，更非天赋决定，而要归因于后天的环境教育及个体的主观努力。

调查发现，大多数超常儿童都出身于普通家庭，父母文化程度及职业也没有多少特殊之处，但其共同点是有意识地实施了早期教育。超常儿童之所以超常，并不仅是靠家庭潜移默化的影响自然形成，而在于有意识的培养教育。

所以，只要是生理正常的孩子，通过科学的教养方式，在发展的关键期内给予足够且科学的引导与刺激，是能够被创造成"神童"的。如果忽视了早期教育，在发展的关键期没有给予适当的教育，就会对儿童心理的健康发展造成难以弥补的负面影响。所以，在教养孩子的过程中，了解孩子各个阶段的关键期显得尤为重要。

1. 正确理解儿童发育的关键期

那么，究竟什么是儿童发育的关键期呢？所谓关键期，是指个体发展过程中环境影响能起最大作用的时期，也称为敏感期。也就是说，个体发育过程中的某些行为，只有在适当环境刺激下才会出现；而过了这个时期，或者早于这个时期，就会学习很慢或者不会发展。

这个概念最早出现在实验胚胎学中，由奥地利动物学家 K. Z. Lorenz 发现，此后被生物学、行为科学以及心理学广泛研究和应用。发展心理学家将动物的关键期概念引入儿童学习行为的研究领域，认为儿童心理的发展同样存在关键期。

众多研究也证明，儿童心理发展过程中的某个时期，相对于其他时期更容易学习某种知识、行为或者能力。儿童心理过程的某个方面，如果在特定的时期给予特定的引导教育，会促进其行为和能力得到更好的发展；而过了这个时期，发展得就会比较慢；早于这个时期，提供的引导教育也会事倍功半。也就是说，每个能力都有其发展的最佳时期，在这个时期内，对其进行适当的刺激是最有效的。过了这一时期，同样的刺激，对其造成的影响就会很小或没有影响。下面就为大家举些已有研究人类某些能力发展的关键期的例子（见表1.1和表1.2）。

表 1.1　婴幼儿九大敏感期（蒙台梭利）

语言敏感期	0～6 岁
秩序敏感期	2～4 岁
感官敏感期	0～6 岁
对细微事物感兴趣的敏感期	1.5～4 岁
社会规范敏感期	2.5～6 岁
书写敏感期	3.5～4.5 岁
阅读敏感期	4.5～5.5 岁
文化敏感期	6～9 岁

表 1.2　部分心理发展的关键期

年龄	能力
1～3 岁	口头语言发展的关键期
4 岁左右	形状知觉形成的关键期
4～5 岁	书面语言发展的关键期
5～5.5 岁	数的概念获得的关键期
5～6 岁	词汇能力发展的关键期
10～11 岁	思维发展、纪律观念、品德发展的关键期
12～15 岁	抽象逻辑思维及自我意识发展的关键期
15～18 岁	辩证思维发展及价值观形成的关键期

2. 关键期的存在

关于关键期的存在，有这样一些鲜活的例子可以说明：

（1）鸟类的印刻。

1973 年，D. A. Spalding 发现，刚孵出的小鸟会追随它们所看到的运动着的第一个物体，不管这个物体是否是生物，或者是否是自己的同类。后来，奥地利动物学家 K. Z. Lorenz，把动物的这种行为称作印刻，并曾用鸭子做实验，验证了这一事实。

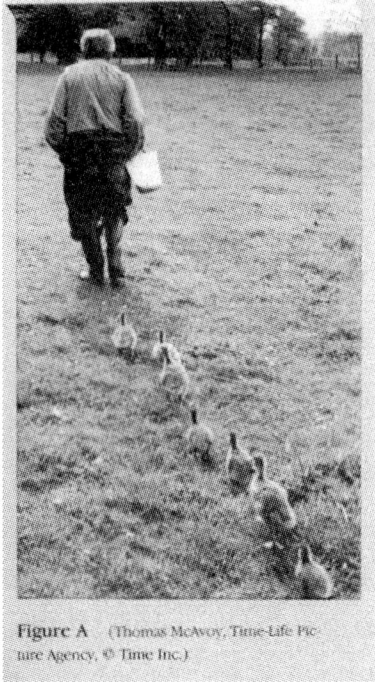

Figure A (Thomas McAvoy, Time-Life Picture Agency, © Time Inc.)

印刻现象和一般的反应不同，只在一定的时期内发生，小鸡"母亲印刻"的发生是在出生后的 10 ~ 16 小时，小狗则是在出生后的 3 ~ 7 周。印刻发生的时期，就是关键期。

在关键期内形成的印刻行为会作为动物的习性保存下来，并且不可逆，即一旦形成就不能修正和还原。如果幼小动物的印刻过程遭到阻碍和中断，或者没有在关键期内完成，母亲与幼小动物就不会相互认识。

（2）兽孩的研究。

1972 年 5 月，在距离印度苏尔坦普尔 20 英里的穆萨法哈纳森林中，人们发现了一个 4 岁左右的男孩。当时，他正在与其他的狼崽玩耍。

男孩的肤色很深，指甲又长又钩，头发脏得打结，手掌、肘部和膝盖都生着老茧，还具有某些卡巴拉和阿马拉的特征：牙齿锋利、喝血、吃土、吃鸡、喜欢黑暗，与狗和豺狼非常亲近。人们给他起名为沙姆迪欧，并把他带到 Narayanpur 村。虽然他后期不再吃生肉，但却一直不能说话，只是学会了一些手语。

在第二次世界大战中，日本人横井庄一逃进深山，穴居 28 年，1972 年被发现。当时，有人断言，他永远不能过正常的人类生活了。可是，只经过短短的 81 天，他就完全恢复和适应了人类生活并在当年结了婚。

（3）动物实验。

哈佛大学做过一项研究，同时把新生的小猫和成年猫的一只眼皮缝上。在拆除小猫眼皮上的线后，小猫仍然保持失明状态。研究发现，小猫脑内负责处理那只眼睛的视觉信息的神经元不能和其他的神经元建立联系；而成年猫则不然，拆线后，其视力就会立刻恢复正常。

黑暗中长大的老鼠，不管是视觉皮层中树突分支的数量，还是突触的数量，都比在光亮中长大的老鼠少得多。

在关键期，如果小猴子的一只眼睛总是闭着，这只眼睛里的神经元就会无法赶上另一只眼睛的神经元的生长速度。研究表明，猴子的视觉发育的关键期是在出生后的 6~8 周。

（4）人类儿童的研究。

意大利，有一个 6 岁的男孩，右眼失明，由于查不出是何原因引起的，人们感到很困惑。后来，人们回忆起来，原来在婴儿时期，为了治疗轻微的感染，男孩的右眼被纱布蒙了两个星期，使得尚未发育成熟的视觉细胞萎缩了，造成了他后来的失明。

人类婴儿视神经元的发育关键期大约在出生后的 6 个月内。一个患有先天性白内障的婴儿，如果不在这一关键期内迅速摘除白内障，视觉得不到光的刺激，大脑视神经模块就会萎缩，眼睛将永远看不见东西。

（5）脑科学的研究。

人的脑功能与大脑的组织结构的发展和成熟相吻合，关键期的存在是由人类大脑发展的客观规律所决定的。如果错过了一些脑功能和脑结构的关键期的相应训练，会使一些脑组织发育不足，脑功能的发展就会受限，人的一些能力和行为发展就会落后。

研究发现，只有在大脑语言功能区髓鞘化开始时，语言才能获得发展。语言理解区域细胞体髓鞘化开始的时间比语言发音区域早 6 个月，因此每个孩子都有可能在会说话之前就理解语言。大约出生后 6 个月时，孩子就开始理解语言；大约 1 岁左右，孩子就会开始学习说话。

◇ 神童的未来有多光明

"神童"是可以培养出来的。可是，在各种琳琅满目的"神童"培养术的包围下，大多数家长都没有思考过这样一个问题：为什么希望自己的孩子成为"神童"？

1. 唯智力论

很多家长都认为，如果孩子是"神童"，必定会有一个光明的未来，取得杰出的成就，或者至少会成为别人眼中成功的人。可是，"神童"的未来到底有多光明？为什么我们经常会在新闻上看到，今天报道某位"神童"的神奇，明天却报道另一位"神童"惨淡的未来。还有，现在的成功人士，虽然也有一些在小时候被称为"神童"，可是大多数还是普通人。

哈佛大学有一项关于精英人士成功因子的调查，被调查的对象都是社会上的成功人士，非常有钱，影响力很大，不论是在组织中，还是在社会上，他们都做得非常好。结果显示，这些成功者的共同要素并不是智商，也不是学历。这也就说明，"神童"成为成功人士的概率并不高，那我们又何必去盲目追逐，去花费金钱和精力？

2. 智力是可以通过后天努力获得发展的

仔细观察就会发现，中国所谓的"神童"大多数都是一些学业成绩优秀的孩子。即使是进行智商测验，也仅仅是测量智力发展水平。可是，一个人的智力并不是天生的，遗传只给我们提供了可以发展的基础。刚出生的生理正常的婴儿，智力水平都是相似的，只有通过后天环境的适当刺激，只有通过合理的教育，智力才会得到发展。

换句话说，没有天生聪明的孩子，也没有永远聪明的孩子。聪明的孩子都是由环境、教养者造就的，仅仅智商高、成绩好，孩子不一定就聪明。

在我们咨询中心，每天都会接待一些带着孩子来的家长，而他们问得最多的问题就是：我的孩子怎么了？

一天，一位母亲带着自己16岁的儿子来做咨询，因为他不愿意参加高考。母亲描述说：

我儿子小时候非常聪明，11个月大就会说话；到了两周岁的时候，已经认识两千个汉字，还能读报纸。他从小就对数字特别敏感，数学特别好，小学参加过多次数学比赛，每次都是一等奖，老师们都非常喜欢他，家长们也美慕地说他是"天才"！

可是，进入初中之后，有一次数学比赛他获得了第二名，之后孩子就渐渐不喜欢学习了；一年之后，甚至只要一考试就肚子痛，马上就要上厕所，他的成绩越来越差，现在几乎每项科目都是勉强及格。眼看马上就要参加高考了，他却一想到考试就肚子痛，不想参加。

在我这里，类似的案例不计其数。为什么这些"神童"会发展成这样？他们的智商不都很高吗？要回答这些问题，其实很简单，因为，智商是会不断改变的。

从出生开始，孩子的智商就会随着生理的发展、环境的刺激、动作的发展而不断发展，良好而适当的刺激会促进智商的提高，而不适当的刺激不仅不会提高智商，甚至还会阻碍智商的发展。例如，在口语发展的关键期1~3岁，如果家长没有适当地多与孩子说话，也没有合理地鼓励孩子说话，他们的语言发展有可能就会显得迟缓；反过来，语言的发展也会促进大脑的进一步发展，所以这时候，孩子就可能比同龄人智商低。如果家长在后期意识到，并加以补救，还是可以弥补的，可是花费的时间要比关键期多许多。

再如，2~6岁是孩子的动作敏感期，这个时候让孩子在安全的环境下自由地行动，不仅会促进他们生理的发育，也会促进大脑的发育。脑神经科学研究证明，环境刺激较多的孩子比环境刺激少的孩子大脑神经突触的数量多很多，孩子的大脑会更加发达，会更加聪明。

当然，这里所说的环境刺激包括给予更多的颜色、音乐、谈话、更多的行为，例如，运动、做家务、玩游戏等，因此要让孩子更多地接触不同的物体，引导他们解决一些简单的问题。

"问题神童"仅仅是当时智力比同龄孩子高，如果不进行及时的后期教育，也就不再"神奇"。如果家长和社会一味地强调他很聪明，他就觉得这是自己的能力，自己很聪明，不需要努力就可以取得好成绩。一旦遇到挫折，没有取得好成绩，他们就会认为，自己不聪明了。上面那位16岁的男孩就是这样，大家都说他很聪明，他非常害怕人们说他笨，于是就产生了一到考试就肚子痛的逃避行为。

其实，大部分儿童是可以被教育成神童的，他们并没有我们想象中的那么聪明，可是，他们会随着教养方法的不同而走向不同的发展道路。如果只以当下的智商来考量儿童的发展，不仅片面，对孩子的健康也并无益处。有这样两个典型的案例：

例1　昔日神童宁铂出家，被安排的命运造成他终生缺陷

宁铂2岁半时已经能够背诵30多首毛泽东诗词，3岁时能数100个数，4岁学会400多个汉字，5岁上学，6岁开始学习《中医学概论》和使用中草药，8岁能下围棋并熟读《水浒传》。几乎一夜之间，这个戴眼镜的神奇少年为全国所熟知。13岁的时候，宁铂与时任国家副总理方毅下了两盘围棋，并获全胜。

1978年3月，宁铂来到了中国科技大学。当报刊上发表了宁铂在中科大校园葡萄架下读书的照片时，这个葡萄架很快就成了新生和外来客必须参观的地方。在纪录片里，宁铂率领着少年班的同学仰望夜空，为同伴们指点星象。这一镜头留在了很多人的记忆中。

当然，受宁铂影响最深的是当时的孩子。这个超乎寻常的"神童"刺激了望子成龙的家长们，他们不断地向自己的孩子施加压力，很多的孩子第一

次意识到自己是多么平凡无奇。一些受到激励的孩子便效仿宁铂，超前学习并跳级；另一些孩子则倍感压力。

可是，在之后的时间里，宁铂却不断地想离开。入学一年后，他对老师说，科大没有他喜欢的系，想调到南京大学去学天文。最后，学校没有同意。2002 年，他前往五台山出家，很快就被中科大校方找了回去。宁铂的梦想之一就是做个"普通人"，可是这一梦想已经难以实现。2004 年，他出家为僧，如今不知身在何处。

例2　二进南大，二遭退学：神童张满意

1981 年，张满意出生在黑龙江省牡丹江市的一个小山村，父母以种地为生，家里并不富裕。5 岁时，张满意上了小学。在班里，张满意年龄最小，成绩却是最好的。不到 6 岁，他就开始读《三国演义》，如此厚的一本书，他却读得津津有味。

老师们一致认为张满意就是神童，于是他就从五年级跳到了初中一年级。1992 年，张满意参加中考，离市重点中学安宁一中的分数线差两分，可是安宁一中的领导却决定破格录取他，就因为他是神童，那时张满意 11 岁，与他同龄的孩子小学都还没有毕业。

1995 年，张满意 14 岁，南开大学"数学基地班"来函表示：免试录取张满意。可是，在第一学期，他有两门考试不及格；大二结束时，他已经到了被退学处理的地步。1998 年底，南开大学按照规定，对张满意作出了退学处理。

经过半年的学习，张满意再次参加高考，考出了 661 分的好成绩，成为牡丹江市高考第二名。1999 年，张满意重回南开大学。可是，在 2002 年 10

月，南开大学再次对他作出了退学决定。因为在这段时间，张满意仅仅把以前的状况重演——很少上课，痴迷小说，爱打游戏，喜欢睡觉，几乎所有的课都不愿意上，很多科目考试都"挂"了。

◆ 优秀的孩子是一个心理健全的人

身体没有疾病，就一定是健康的吗？不一定！因为如果孩子的心理出了问题，也是不健康的，并且这种不健康很容易被忽视。世界卫生组织给健康所下的定义是"不仅是没有疾病和病痛，而且是个体在身体上、精神上、社会上的完满状态"。由此可知，身体健康和心理健康同等重要，心理健康是健康的一半。家长们一定要重视孩子的心理健康，因为优秀的孩子都是心理健全的人。

◇优秀孩子的标准

如今，大多数家庭都只有一个孩子，家长都望子成龙，望女成凤，希望自己的孩子聪明优秀。可是，智商高，学业成绩好，就可以成龙成凤了吗？这种优秀是真的优秀吗？

事实证明，一个人能否成功，能否有所成就，并不仅仅在于成绩好，其他非智力因素也是十分重要的，例如，人格品质、道德修养、人际关系、心理素质等。之所以会出现"失败的神童"，就是因为家长和社会只关注他们的学业，忽略了他们的社会性、道德和心理的发展。

人类的学习并不能仅仅局限于学业成绩和提高智商，学习应该是一个具有广泛意义的概念。儿童的学习，应该是学着成为一个真正的人。

人类是高级动物，刚出生的时候，除了拥有儿童的外表外，并没有人类特有的思想、思维，不知道人类社会的规范和生存法则，并不知道如何成为一个真正的人；而家长的作用就是，通过教育让孩子逐渐成为一个社会认可的人。

优秀的人可以获得社会更多的认可，社会认可什么？遵守社会规范，拥有优秀人格，比如道德、责任感，能为人类社会作出卓越贡献等。如果家庭教育仅着眼于提高学习成绩、提高智商，培养出来的孩子是很难健全的，所以，孩子是否优秀，不应该以学习成绩或者智商高低来判定，更不应该以此为指导。

优秀的孩子应该是一个智力和心理健全的人，而不是一个高智商的做题机器。心理因素是决定一个人成败的关键，研究发现，积极的人比消极的人成功概率要高很多。而对于成功人士的研究更是发现，成功人士的共同品质就是——很积极。

如果一次考试不理想，积极的孩子会这样想：这次没考好，但我已经知道自己哪里不懂，查漏补缺，下次就会考得更好；而消极的孩子会想：我怎么这么笨，这都考不好！结果，积极的孩子对于知识掌握得更好，更勇于挑战新事物，智力也不断提高；而消极的孩子即使平时成绩不错，也会因为一次考试不理想而害怕挑战新事物，能力发展自然会不佳。

当然，这里所说的积极并不是盲目的乐观。积极的人，既会看到事情坏的一面，也会看到好的一面，适当的愧疚、懊恼、悲伤都是其前进的动力；而消极的人，只会活在懊恼中，不是责备父母没给自己好的基因，就是责备社会、环境的不公平。

由此可见，孩子的心理健康远比学习成绩更重要。如果我们的教育方向是引导孩子健康快乐，拥有积极的心态、健康的心理，不但可以提高他们的学业成绩、智力水平，他们的其他能力也会发展得更好；同时，他们的基础幸福感会更强，今后的生活也会更幸福。

什么样的孩子是优秀的？美国学者里恩提出了 17 条标准，它们是：

1. 知识和技能

具有基本技巧和知识，能够适当应用这些技巧解决具体问题。

2. 注意力集中

不容易分心，能在充分的时间里对一个问题集中注意力，找到解决办法。

3. 热爱学习

喜欢探讨问题和做作业。

4. 坚持性强

能把指定的任务作为重要目标，用急切的心情去努力完成。

5. 反应性好

容易受到启发，对成人的建议和提问能作出积极反应。

6. 理智的好奇心

可以从自己解答问题中得到满足，能够提出新问题。

7. 对挑战的反应

愿意处理比较困难的问题、作业和进行争论。

8. 敏感性

具有超过年龄的机灵性和敏锐的观察力。

9. 口头表达的熟练程度

善于正确地运用众多的词汇。

10. 思维灵活

能够形成许多概念，善于适应新的比较深刻的概念。

11. 思想灵活

能够及时摆脱自己的偏见，懂得用他人的正确观点看问题。

12. 独创性

能够用新颖的或者异常的方法来解决问题。

13. 想象力

能够独立思考，富于想象力。

14. 推动能力

能够把既定的概念推广到比较广泛的关系中去，能够从集体的关系中理解既定材料。

15. 兴趣广泛

对各种学问和活动都感兴趣，比如，艺术、戏剧、书法、阅读、数学、科学、音乐、体育活动和社会常识等。

16. 关心集体

乐于参加各种集体活动，助人为乐，和他人融洽相处，不斤斤计较。

17. 情绪稳定

自信、愉快和安详，有幽默感，能够适应日常变化，不暴怒。

由此可见，优秀的孩子，不仅身体强壮、智力出众，更应该心理健康并且有良好的心理素质。

◇幸福是什么

如今，很多家长都会时不时地对孩子说一句："你们今天真幸福"、"不知足"等。如果孩子加以反驳，家长更会唉声叹气一番。可是，我们不禁要问，真正的幸福是什么？家里生活条件好，就幸福吗？孩子要什么有什么就幸福吗？在社会中有了一定的名望和地位就幸福吗？

每个人追求的终极目的都是幸福快乐。虽然很多人都在追求名利，都在用钱满足自己的物质欲望，可是最终的目标也是希望得到欲望满足之后的幸福和快乐的体验。很多人觉得，比别人优秀、比别人成就高，就比别人幸福、快乐，笔者曾经也是这样觉得，可是事实证明，并非如此！

笔者是家里的长子，肩负着父母的期望，从小就要求自己比别人优秀，也通过各种办法追逐名利。结果经过自己的努力，不到 30 岁，成为中国台湾最有名的、收费最贵的心理咨询师，每天都门庭若市。

之后，笔者将赚到的钱进行投资，不到 2 年，笔者的身家已达千万。笔者如愿以偿地购买自己想要的东西，给家人提供最好的物质生活，所有认识笔者的人都羡慕笔者的成功，可是笔者却没有感到幸福。

笔者问自己，是赚的钱不够多吗？是社会地位不够高吗？为了实现这些，笔者便加倍地努力，不仅去英国进修，还积极寻找各种有名有利的机会。希望自己可以成为一位大学教授，希望有更多的名誉，如此就觉得一辈子都是幸福快乐的。

结果，愿望很快就实现了——笔者成了学会里授课好评率最高的催眠师，许多学校慕名聘请为教授。那段时间，这些名利给笔者带来了巨大的成就感，确实感到了快乐，可是没过多长时间，生活就恢复了平静，甚至笔者还觉得有点不开心。

别人都觉得笔者这么成功，应该是幸福快乐的，可笔者却丝毫都感受不到快乐，甚至现在的这种生活还没有小时候开心？那种幸福开心为什么找不到了？幸福到底是什么？多年后，笔者找到了答案。

其实，有相似感受的人很多，为了实现自己的目标，他们不断地努力着、渴望着。可是，一个目标实现以后，快乐并不能持续多久，或者并没有我们想象的那样获得快乐。为了追求快乐，他们又会设立新的更大的目标，期望目标实现后，自己变得快乐，获得更多的幸福感。可是，经过不断的循环，幸福感总会回到自己的基线水平，这时候，有的人会因为自己追求不到幸福而变得越来越不快乐、抑郁、无助；有的人则会接受这种一直追求不到永恒快乐的事实；当然，一部分人会在不断追寻的过程中找到自己幸福的真谛。

哈佛大学心理学系也曾做过此类研究，最后发现，人们都有一种基础幸福感——基线水平。

笔者曾和一个学生讨论过这个问题，笔者问她："你中学时的梦想是什么？"

她回答说："考上重点大学。"

"为什么？"

她说："那时候觉得，只要考上重点大学，就能实现自己的梦想，会摆脱现在的生活。"

"为什么要摆脱现在的生活？现在的生活不好吗？"

"当然不好，如果能考上重点大学，我一定会觉得很快乐。"

"你觉得这种快乐会持续多久？"

"当时觉得会一辈子或者至少会快乐很久吧！"

"事实上呢？"

"事实是，在知道自己已经被大学录取的时候，我觉得很快乐。可是这种快乐并没有持续多久，很快又回到了原来的样子。"

相信类似于这个学生的情况，大家也都曾经历过，这就是积极心理学中所说的回到了基础幸福感。同样，对于不幸的感受，积极心理学也做了相应的研究，最后发现，当发生不幸事件时，人们会出现悲伤的情绪，幸福感降低，可是只要是心理健康的人，一段时间后，都会恢复到基线水平。

在2008年汶川发生大地震的时候，笔者作为创伤心理援助计划的一员，远赴地震区，给那些深受创伤的人进行治疗。在治疗中发现，大部分人在事件刚发生的时候会表现出悲伤、伤心欲绝、不愿接受的情绪，可是一段时间后，他们会恢复到基线水平；只不过，恢复时间会由于不同的人以及不同的处理方式而不同。

我们常听人说，要提高幸福感。其实，幸福感是很难依靠某件事情而得到永久提高的，不是拥有某个东西、拥有某人就可以一直获得快乐。人是有感情的高级动物，会因为日常发生的事件产生不同的情绪，盲目地追求幸福是不可能的。快乐取决于基础幸福感，而提高这种基础幸福感，才是可能的。

快乐是由自己的心态决定的，并不是某件事取得了成功。在成长阶段，成功事件会帮我们建立起这种基础幸福感，悲伤和各种创伤虽然会让幸福感降低一段时间，但并不会影响基础幸福感。也就是说，心理健康的人并不会因为某次的负面事件而一辈子都觉得不幸福。正是基于这个原因，笔者创立了这套培养基础幸福感的教养法。当然，完全摒弃人本能的物质和精神追求也是不切实际的。

基础幸福感高的人是积极的生活者，他们会更加有动力、有效率地去追求物质和精神享受。笔者曾经遇到过一个想得到幸福的个案：

"我今年28岁，未婚，是家里的第二个儿子，有一个哥哥和一个妹妹，爸爸是商人，妈妈是公务员，从小衣食无忧。可是，一直以来，我都觉得很苦恼，甚至觉得自己从没有真正的开心过。爸爸妈妈最疼爱妹妹，最欣赏哥哥，而我却一无是处，怎么努力都比不上哥哥，也得不到爸爸妈妈的爱，所有的人都不喜欢我。我现在什么都不想做，觉得自己活着一点用处都没有。"

不可否认，这个人就是典型的由于家庭环境以及父母教养法的关系而导致基础幸福感较低的人。按照前面的陈述，即使真正实现了自己的目标，得到了自己想要的，提高了自己的幸福感，可是一段时间之后也会降低回原来的水平。这时候，这个人会想：不管我怎么努力，都得不到别人那样的幸福。时间长了，就会觉得，自己做什么都没用，干脆不做，自暴自弃，甚至产生自杀倾向。

在我们身边，有些人拥有的不多，但从未中断、停止过享受人生，充满感恩，享受生活；而有些人拥有很多，却觉得生活窘迫、觉得自己是受害者。表面上看，已经拥有了一切，名利、学术、社交都很成功，可是对生命的理解、关注和解读并不正面，不快乐。

这几年，新兴的积极心理学对基础幸福感也做了多方面研究，并发现拥有高的基础幸福感的人更容易取得成就，更容易达成目标，生活得也更快乐；相反，基础幸福感较低的人，更容易罹患抑郁、狂躁等心理疾病。因此，引导儿童拥有较高的基础幸福感，也是重要的教养理念之一。

那么，怎样培养出高的基础幸福感？换句话说，应该怎样让我们更快乐？积极心理学研究发现，基础幸福感与积极乐观的心态有着密切的关系，拥有积极乐观心态的人，基础幸福感更高，更容易觉得快乐。因此，教养出积极乐观的孩子是家庭教育的根本。

当然，需要注意的是，这里的乐观指的是一种诠释的方式，而不是盲目地自我感觉良好。为了使孩子变得更加乐观，首先自己要乐观。

◆ 好孩子 VS 坏孩子

在笔者的咨询生涯中，遇到过无数恨铁不成钢的家长带着自己的孩子来寻求帮助，希望可以像魔术师那样挥一挥手，将他们眼中的"坏"孩子变成"好"孩子。

案例 1

明明是个小学二年级的孩子，成绩不理想。爸爸妈妈觉得，孩子成绩不好是由于过于好动造成的。明明上课的时候，从来都不会专心听老师讲课；放学也不直接回家，而是跟同学们玩到天黑后再回家；每天写作业都要妈妈逼着才肯做，不然就说不会写；即使是真正写作业，坐不到 5 分钟就想去玩。

爸爸妈妈觉得，现在孩子成绩不好，以后会很难跟上，想让我们帮其检查儿子是否有多动症，将其矫正。

经过与孩子的交谈及行为检验，我们发现，这个孩子根本不符合多动症的标准。其实，对于二年级的孩子来说，好动很正常，贪玩也很平常。这时候，他们的大脑正在发育，功能还不完全，注意力能集中的时间也较短，强行要求他们集中注意力，可能会出现让他们更不愿意接受的反效果。

进入小学之后，他们的日常活动逐渐由游戏转为学习，必然要经历一个适应的过程。在这个过程中，只有科学地引导，他们才能以最快的速度适应这种转变。

而且，玩也是一种学习。玩各种游戏的时候，都需要使用一定的策略，需要与同伴的协作，需要建立社会关系，这些都可以有效促进大脑的发展。所以，孩子贪玩，成绩不好，并不能说他就是个"坏"孩子。

同时，我们还发现，妈妈非常宠爱明明，对他的任何要求都不拒绝，只要他要求，妈妈就会帮他去做。其实，明明是有很多优点，比如，和同伴关系非常好，在玩游戏时也很好强。通过他喜欢玩游戏、好强的特点，我们设计了一些注意力游戏，并将我们的教养方法告诉了家长，结果不仅明明的学习成绩很快就得到了提高，连作业也能独立完成了。

案例2

小艾是个6岁的小女孩，很怕一些无中生有的"怪物"，所以一直害怕黑暗，从来不敢关灯睡觉，也不愿意一个人上厕所。

不管做什么事情，都要有人陪着，从来都不会一个人待着。不管爸爸妈妈怎么说，怎么证明，她就是不相信世界上是没有怪物的。

小艾在家黏着父母，在幼儿园黏着老师，爸爸妈妈虽然觉得不胜其烦，但也无可奈何。眼看就要上小学了，小艾的安全感却越来越低，最后竟然连幼儿园都不去了，整天跟着妈妈。

家长觉得这样下去不是办法，就带她来寻求帮助。

经过我们的了解，小艾除了害怕"怪物"外，其他情况下都是一个很乖的孩子。她很听妈妈的话，只要妈妈愿意在她身边，妈妈叫她做什么都不违背。她之所以会害怕"怪物"，是由于全家人一起看了一部电影，里面就有"怪物"。从那以后，如果她不听话，妈妈就会对她说"怪物"带走她。

开始的时候，只要一听到妈妈的威胁，她就乖乖地听话。可是，后来他们渐渐地发现，事情似乎超过了他们的想象。一天，爸爸妈妈因为有事晚上回家较晚，小艾一个人在家，突然停电了。爸爸妈妈回来后，大声唤她，而此时的小艾正蜷缩在一个角落里哭泣，从此之后她就开始害怕黑暗。之后，发展为不敢一个人待着。根据小艾的情况，我们采用了系统脱敏和认知疗法对她进行了治疗，之后情况有所好转。

其实，在这个案例中，家长对小艾的教育方式是造成小艾恐惧的根源。妈妈对小艾的负面暗示，是她心里挥之不去的阴影。

案例3

阿伦11岁，由于在学校打人，被学校要求退学。其实，从上幼儿园开始，爸爸妈妈就经常收到老师的投诉，说阿伦在学校经常与其他孩子打架，怎么劝都不听，甚至连老师也打。每被投诉一次，阿伦都会被爸爸狠狠教训一次。可是，他们并没把这件事当回事，以为是孩子小不懂事，长大了就好了。直到被学校要求退学，才意识到事情的严重性。

通过沟通我们发现，阿伦不会采用其他的沟通方式，当他觉得生气、厌烦或者别人不能满足自己的要求时，就会采用暴力的手段。而且，父母关系也不好，经常会当着孩子的面吵架，甚至打架。教育孩子的时候，他们常采用惩罚形式，只要觉得他错了，就是一顿暴打。

其实，阿伦之所以会变成这样，主要源于父母的言传身教。家长是孩子的第一任老师，他们会模仿父母的行为、语言、解决问题的方式。由于受到大人的影响，阿伦觉得，解决问题的方式只有一种——暴力，因为父母就是这样来解决问题的。

我们首先对其父母分析了问题的根源，之后便逐步尝试让阿伦了解其他的解决问题的方式，并帮助其建立信心。半年后，家长带着阿伦回到了咨询中心。这时候的阿伦不仅改正了打人的行为，而且他父母之间的关系也变好了。

上面的这些例子都是在实际中遇到的。其实，在现实中，既没有绝对的好孩子，也没有绝对的坏孩子。所谓的"坏孩子"，也仅仅是由于我们不喜欢他的一些行为，就将他称为"坏孩子"。其实，那些行为有的是人的本性，比如孩子的贪玩、好动；有些是由于家庭教育和环境造成的。由此可见，"坏孩子"是我们自己造成的。

第二章　潜意识的法则

潜意识是人们不能认知或没有认知到的部分，是人们"已经发生但并未达到意识状态的心理活动过程"。在弗洛伊德的心理学理论中，无意识、前意识和意识虽是三个不同层次，但又是相互联系在一起的。

弗洛伊德将这种结构作了一个比喻：无意识系统是一个门厅，各种心理冲动则如同是一个个的个体，相互拥挤在一起。与门厅相连的是一个接待室，意识就停在这里。门厅和接待室之间的门口有一个守卫，主要任务是对各种心理冲动进行检查，如果是不赞同的冲动，是不允许进入的。一旦某一冲动被允许进入，也就进入了前意识的系统。一旦它们引起意识的注意，就会成为意识。

弗洛伊德将潜意识分为两个部分：前意识和无意识。其中，前意识就是，潜伏的但能成为有意识的；而无意识则是，被压抑的，但不能用通常的方法使之成为有意识的。其实，真正的潜意识也是意识的一部分，只不过，是被我们压抑或者隐藏起来的那部分意识。

◆超乎想象的潜意识

伟大的心理学家弗洛伊德认为，人的意识可以分为主意识和潜意识。其中，大脑能察觉的意识活动，就是主意识；反之，大脑无法察觉的意识活动，就是潜意识。

◇认识潜意识

如何来认识潜意识呢？现在，迅速看看下面这个照片，然后用最快的速度找出这幅图上一共可以看到多少人和多少辆车。

然后，再看一幅在迪士尼拍的照片。之后请说出照片上一共有几位花仙子？她们的花各是什么颜色的？

好，不要再看图片请说出：第一张照片里，有多少个人和多少辆车，这辆公交车的车牌号是多少？第二张照片里，后面的商店招牌上写着什么字母或者单词？

这是一个小实验，除非受过专业训练的人，一般人都说不出第一个照片里的车牌号和第二个照片里的字母。可是，如果这时候提供几个选项让大家选择，即使回忆不起来，正确率也要远远高于随机选择的概率。

这就告诉我们，虽然我们意识不到自己看到了车牌和商店的照片，但事实上我们的潜意识已经将整幅照片都记忆了下来。

1. 潜意识帮助我们记住各种信息

人类能注意到的信息是有限的，因为生活中的信息量非常巨大，很多信息是没有用的，如果所有信息都注意到，会耗费大量的脑力，所以，为了节省资源，为了更有效率地行为和生存，意识替我们选择了自己需要的信息，因此在意识上，我们只会注意到自己感兴趣或者需要的东西。而平常的思考、想象等都是主意识。可是，潜意识的工作是无时无刻不在进行，即使是在睡觉的时候，它也在继续工作。

再回到刚才的图片，在选择车牌和商店的招牌时，通常都会选择刚才看到过的，这也是广告所利用的原理之一。通过广告，可以知道有这个品牌、这个产品，以及这个产品的功能、用途和优势。日常生活中，虽然不会刻意去注意广告，但在没有注意的情况下，广告依然会影响选择。

如今，在街上、电视上、广播上，到处都充斥着各种品牌、各种商标，虽然没有注意到这些广告，但潜意识依然在无意的情况下被这些广告影响着，以至于作出选择的时候，大多数都会选择之前曾看到的商标品牌，这就是广告所产生的附带效应。

2. 潜意识主宰着非意识功能、情绪和习惯

潜意识主宰着非意识功能（如呼吸频率、血液流动、体温、瞳孔、肢体语言等）、情绪和习惯。一个人大部分习惯和情绪反应，都是在成长过程中不知不觉形成的，还会成为今后的模式。

例如，早上睁开眼睛起床之后，会去刷牙、洗脸，这是不需要意识参与的。换句话说，不用去想起床了该做什么。再如，当准备站起来走动的时候，根本就不会想先迈左腿还是先迈右腿，该怎样控制肌肉骨骼去完成走路的动作。因为潜意识已经控制掌握了走路的习惯。

这些潜意识主宰的功能，有些是人的生物本能，例如，呼吸、体温；有些是由于教育和环境的影响形成的，例如反应方式。有些人面对指责，不能容忍，而有些人会选择容忍。这些反应模式通常都是自动的，是在成长过程中有意识或无意识状态中形成的。

弗洛伊德曾说过：在孩童期学到的情绪反应方式，往往会被我们带到成人期。到了成人期，我们不知道该如何进退应对，因此大人的反应通常都跟孩子没有两样。

◇潜意识的力量

潜意识所蕴藏的能力，在催眠中最容易观察到。因为，在催眠状态下更容易引导人进入自己的潜意识。只要拥有平凡潜意识的普通人，可以做得到，那你一定也可以做得到！

笔者擅长催眠疗法，经常会在课堂上给学生表演。其实，催眠师的手法，就是在潜意识下植入建议，并带来叹为观止的结果。这里，介绍几个说明潜意识力量的案例：

1. 人桥

当受试者进入催眠状态时，引导其想象自己是一块钢板，像钢板一样坚硬。之后，将其放在中间空置的地方，只有头部和脚部有东西支撑，其他地方悬空。这时候，他就会像一块真正的硬钢板一样，直挺挺地躺在那儿。即使有重物压在悬空的地方，甚至让人站在受试者的肚子上，他也依然会像一块笔直的钢板，支撑住站上去的人（见下页图）。

之所以会出现这种现象，是因为在催眠状态下，受试者的潜意识更容易接受暗示——自己确实是一块钢板。而这种情况，在意识状态下是无法做到的，甚至有可能受伤。在这个过程中，潜意识发挥出了意识状态下所达不到的效果，也充分证明了人类潜意识力量的巨大。

2. 止疼

在麻醉剂发明之前，19 世纪的苏格兰医生 James Esdaile 利用催眠进行内

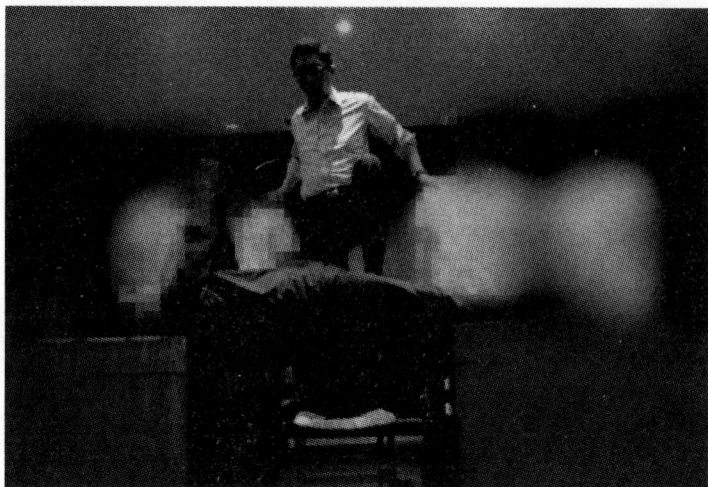

科手术，受催眠的病人并不会感到痛苦和焦虑。同时，还在病人的潜意识中植入了快速康复的建议。在 19 世纪，手术死亡率为 50%，而在这位医生利用催眠进行的 161 个手术中，死亡率仅为 5%。

现在，笔者也经常利用催眠给受试者做一些止疼，具体方法是：在催眠状态下，让受试者自我催眠，让其潜意识告诉他自己：那里很温暖，很舒适，暂时止疼。可是催眠的止疼并不等于治愈，只能暂时止疼，真正的治疗还需要向专业人士寻求帮助。

3. 找回遗忘的记忆

一个同事曾经给一位强迫症患者做治疗，当事人有强迫确认的行为，表现为：锁好门之后，走到楼下，又觉得好像没有锁好，必须回去确认；确认之后离开，又觉得刚才没确认好，又要回去；工作上，任务完成了，觉得没有完成，即使刚确认过，还会强迫再确认数次，结果每天都要花费大量时间进行确认。

同事对他实施了行为治疗，一段时间后，当事人便治愈了。可是，几个月后又复发了，甚至比之前更严重。于是便继续对其进行治疗，可是由于找不到原因，效果总是反反复复，最后只好转到笔者这里。

为了根治他的症状，对他进行了年龄回溯（一种催眠技术，让人逐步回忆起以往的事件），让他回忆了一下首次出现强迫行为的场景，并让他讲当时的感受。原来，高中阶段，由于粗心导致自己高考失利，没有考上重点大学，他觉得很内疚，从那以后，只有强迫自己确认才能获得舒适的感觉。了解到情况后，笔者便暗示其用呼吸行为替代强迫行为获得这种舒适的感受；唤醒之后，便采用认知行为疗法对其进行了进一步的治疗。

主意识的记忆力是有限的，潜意识的记忆是无穷的，任何记忆在潜意识下都能找到，潜意识对信息的吸收是没有选择性的。在催眠状态下，甚至连胎儿时期的记忆能都够回忆起来。潜意识每时每刻都在工作，它支配着人的非意识功能，不管是在意识还是无意识状态，它都要接受人的视觉、听觉、触觉、味觉、内脏感觉等所有的信息，只是我们并没有意识到而已。

4. Langer 的 1959 实验

1979 年，哈佛大学的第一位女性终身教授 Ellen Langer 设计了这样一个实验：

Langer 找了 100 名 75 岁以上的男人，把他们送到一座以 1959 为主题的别墅。这里，音乐是 1959 年的，读的杂志是 1959 年前后的，日报是 1959 年的；他们扮演 1959 年时的角色，穿 1959 年流行的衣服……他们被要求要演得像是在 1959 年的时候。

这些人在别墅生活了一周，不与外界有任何的接触。在一周结束时，Langer 对其进行了测量和心理测验，结果发现，他们的心理和生理年龄都减小了。比如，在各项测试中变得更灵活，他们的手掌、双腿、身体都变得更强壮；记忆力有明显的改善，智力水平比一周前明显改进；他们变得更加快乐，更加自立，更少依赖别人；他们变得更健康，视力和听觉都有明显改善。

之所以会出现这种状况，是因为在这短短的一周内，他们进入了强大的情境。情境不断地给潜意识灌输"他们是生活在 1959 年"这个信息，使他们的生理与心理都发生了巨大的变化。

5. 治疗近视

有位朋友，年纪轻轻却得戴着厚厚的眼镜，他觉得很难为情。读完两本由科贝特写的书后，他决定要改变现状。

科贝特在其作品中指出，眼科医生贝兹认为，视力不好是由压力造成的，这是现代忙碌社会特有的传染病。压力让眼睛肌肉变得紧绷，造成眼球变形；而变形的眼球改变焦点，让视力变得模糊。为了证明自己的看法，贝兹医生以原住民社群为例，加以论述：原住民没有经历现代社会的压力，所以多数人没有视力不良的问题，即使是老人，视力也很好。

贝兹使用了一种治疗视力不良的方式：设计眼球运动方式，让患者使用潜意识，让眼睛的肌肉放松。几个星期之后，眼球便恢复到了原本的形状，看书时便不需要眼镜了。

6. Zimbardo 的犯人实验

这个实验是由 Philip Zimbardo 在斯坦福的监狱进行的。

Philip Zimbardo 从街上随便找来一些人，将他们带入监狱中，分别扮演典狱长、狱警和犯人。为了证明进入角色的效果，这项实验本来预计进行两周，可是一周后，他们发现，实验必须终止，因为"典狱长"们变得非常残暴，经常侮辱"犯人"；而"犯人"却受到了侮辱。

在这个实验中，受试者处于负面的暗示情境中，情境不断地给潜意识输入信息，而潜意识也全部接受了情境提供的信息，最终让一个正常人在短短一周内便变成了真正的典狱长和犯人。

7. 烫伤实验

多年前，哈佛大学曾经做过这样的实验：

随机挑选一些生理正常的成年人，平均分为四组，两组人蒙上眼睛（组1和组2），两组人不蒙上眼睛（组3和组4）。然后，让他们接触不同温度的水，并告诉第一组和第三组他们会产生的感觉：第一杯：比体温低一点；第二杯：和体温差不多；第三杯：比体温稍高；第四杯：温暖的感觉；第五杯：有点热；第六杯水的温度和第五杯是一样的，可是引导词是"这杯水很热"；第七杯水也与第六杯和第五杯水一样，引导词是"非常烫，将他们烫伤了，他们的手指发红，非常红，甚至起了烫伤的水泡"。第二组和第四组没有任何语言引导，让他们自己感受。

结果，组1多于50%的人出现了烫伤的生理反应；组3也出现了不同程度的烫伤生理反应，可是人数少于组1；组2和组4则都没有出现烫伤的生理反应。

其实，在这个实验中，所有人接触的水温都是相同的，所不同的是给予的暗示。当会烫伤的暗示被我们的潜意识所接受，并从皮肤反映出来时，疾病就"无中生有"了。

潜意识对我们生理和心理有着巨大的影响，既控制着人的行为，也控制着人的心理，甚至控制着人的疾病。不管是正面暗示，还是负面暗示，潜意识都会接受，并对行为造成巨大影响。

8. 超越身体的极限

1954年，为了在科学上展示并证明了人类跑步的极限，生理学家进行了实验：4 分钟跑完一英里，不可能少于 4 分钟。其用最优秀的运动员进行实验，证明这个理论是正确的。可是，这时候 Roger Bannister 说："4 分钟内跑完是可能的，我要做给你们看。"

当时，Roger Bannister 是牛津大学的医学博士，也是一名出色的跑步运动员，但他的最好成绩是 4 分 12 秒，没有人把他所说的当真。但 Roger Bannister 坚持苦练，不断进步，很快就突破了 4 分 10 秒、4 分 5 秒，可是跑到 4 分 2 秒时，他就停止了进步，但他依然说："在这件事上，人类没有极限，我们能在 4 分钟内跑完一英里。"Roger Bannister 坚持练习，结果在 1954 年 5 月 6 日他便用 3 分 59 秒跑完了一英里，轰动一时。

之后，这个纪录不断被刷新：六周后，澳大利亚运动员 John Landy，用 3 分 57.9 秒打破了 Roger Bannister 的纪录；第二年，37 名运动员在 4 分钟内跑完一英里；1956 年，超过三百名运动员突破 4 分钟的界限。

这是怎么回事？是运动员们更加努力训练？还是有了新技术、新鞋子？当然不是！所有的事情都没有改变，唯一改变的是权威理论对大家的潜意识所产生的暗示。开始的时候，运动员都会在潜意识中接受权威的暗示，可是 Roger Bannister 并没有接受这种生理界限的暗示，且最终攻破了所谓的界限。之后，运动员便对权威理论产生了怀疑，他们的潜意识不再成为束缚，越来越多的人突破了这个所谓的生理界限。

人的潜意识并不是只会接受环境所给的信息，还会接受自我的暗示。Roger Bannister 通过自己的信念，不断地对自己的潜意识加以暗示，这种信念的暗示超越了环境所给的暗示。也就是说，人类的潜意识会接受所有信息，可是对人产生的影响是有选择性的。这种选择性是在成长过程中所形成的，会受到一个人的个性及心态的影响。

故事中，Roger Bannister 是个自信乐观的人，他的潜意识选择相信自己的信念，而不是接受环境所给的暗示。假如一个人生性悲观，没有自己的信仰与信念，他就会倾向于负面的暗示。

一个朋友曾经向笔者寻求帮助：他有一个 15 岁的女儿，从小学习成绩都很好，就是胆小内向，上了初中之后，数学和物理成绩一直都不理想。

笔者在与女孩交流后，发现女孩的生活态度比较悲观，因为家里重男轻女，虽然她从小就很努力，可是爸爸妈妈还是觉得儿子更好。上了初中之后，一次看书的时候她偶然发现，到了初中后，女孩理科的成绩会下降，因为女孩的逻辑思维不如男生强。虽然她不相信，可是之后她的成绩却一直都无法提高。

不难发现，是那本书上的话对女孩产生了负面暗示。虽然她不相信，可是悲观的个性使她潜意识接受了这个观点，结果一次考试不佳就更加证明了那本书上的观点，于是就更加强化了她的意识。

那么，怎样才能运用潜意识为自己服务呢？在了解了潜意识的巨大能量以及潜意识的影响因素之后，首先要塑造孩子乐观向上的性格。从出生开始，孩子的潜意识就不断地吸收着周围的信息，只不过他们还没有选择性，采用适当的暗示，例如以身作则、正面的语言等都可以帮他们形成乐观积极的个性，培养出高水平的基础幸福感；而已经长大的孩子，即使有些不良的行为、个性，也可以通过潜意识慢慢得到改善。

◆家长正向信念的力量

对于自己的正向暗示是教养的开始。要想让孩子的心态积极，首先家长就要有正向积极的信念，相信孩子一定会变得更优秀、更快乐。

1. 期望效应

期望效应，又叫"皮格马利翁效应"、"罗森塔尔效应"，源于古希腊一个美丽的传说。这是一个心理学的名称，简单来说就是：说你行，你就行。

为了说明期望对动物和人类心理的影响，美国哈佛大学罗森塔尔教授进行了一系列实验：

1986 年，他和雅各布森教授来到一所小学，对校长和教师说，要对学生进行"发展潜力"的测验。他们在 6 个年级的 18 个班里随机地抽取了部分学生，然后把名单提供给任课老师，并郑重地告诉他们：名单中的这些学生是学校中最有发展潜能的学生；并再三嘱托教师：不要告诉学生本人，要多注意观察。

8 个月后，当他们再次来到该小学时，惊喜地发现，名单上的学生不但在学习成绩和智力表现上均有明显进步，而且在兴趣、品行、师生关系等方面也都有了很大的变化。

这一现象，就是"期望效应"。

期望效应告诉我们，要想使一个人发展更好，就应该给他传递积极的期望。在这个实验中，哈佛大学"权威式"的结论给任课老师的潜意识施加了暗示，而老师们又把这种暗示的结果无意中反馈给了学生，这种积极正向的暗示使孩子不断地往好的方面发展。

2. Marva Collins 的积极教学法

Marva Collins 是美国著名的教师，曾两次受美国总统邀请出任美国教育部长。她的父亲是非洲裔美国人，母亲是印第安人。她出生的时候，种族歧视风行，幸运的是，父亲对她非常有信心，从小就对她说："Marva，你将会有所作为，你可以成为一名秘书。"

父亲之所以说女儿会成为一名秘书，是因为当时有一种无形的障碍——鉴于她的种族背景和性别。通过自己的不断努力，Marva Collins 果然成为一名秘书。

做了几年秘书后，虽然干得不错，可是 Marva 觉得，这不是她的使命，她非常想成为学校里的一名教师。于是，她开始上夜校，几年之后便考取了教师证书，加入了芝加哥城内的公立学校。

这时候，社会上毒品泛滥，充斥着大量的犯罪现象，最重要的是没有希望。老师们都希望学生可以在学校里尽可能多待一段时间，为什么？因为这样他们就不会在 12 岁时加入街头帮派，就不会接触毒品，不会犯罪。面对这种现实，Marva 说："事情将有所改观。"

Marva 教的是 1 ~ 4 年级，上课的第一天，她就对学生们说："我们要练习自信，我相信你，你能做好，你能成功。停止抱怨，停止抱怨政府，停止抱怨老师，停止抱怨父母，成功与否全在你自己。"整个学期她都在不断地重复着这则信息，犹如不断重播的唱片。

Marva 对学生们充满期望，把眼光放在他们的长处和优点上，并加以培养，奇迹慢慢出现了：这些被老师认为是"不可教"的学生，到了四年级便可以读欧里庇得斯、爱默生和莎翁的作品；这些"不可教"的学生在 10 岁时，便可以做高中的数学题目。

之后，Marva 创立了自己的小学——西岸小学。开始的时候，进入这所学校的学生都是从公共学校退学的。奇迹继续发生着，结果这些孩子都上了大学，并顺利大学毕业。今天，Marva Collins 的学生里有政治家、商人、律师、医生——而最多的就是老师，因为他们知道这是他们老师的功劳。

Marva Collins 对孩子充满希望，坚信他们都很优秀，最终这些"不可教"的孩子都成了优秀的人。这种对孩子的期望，不断地灌输给自己的潜意识，从行为中表现出来，不断地灌输给孩子；从老师的信念中，孩子变得更加自信，并朝着期望的方向发展。

由此可见，要想让孩子积极健康的成长，就要相信自己的孩子是优秀的，并且会变得更优秀。

◆ 潜意识的法则

做算数时，必须遵守数学法则，才能得到正确答案。同样，只有了解了潜意识的法则，才能更有效地加以运用。

1. 重复

采用潜意识塑造行为、思想和性格，是需要时间加以培养的，最关键的在于适当的重复，直到被潜意识完全接受为止。

2. 强化

植入建议时，加入会得到的奖励作为强化，会使建议更容易被接受，例如，从现在开始，每天早上 7 点，骑 20 分钟的自行车，坚持下来会觉得自己的身体不错。

身体健康和强壮是一种强化的奖励，只有得到不断的奖励，才更容易塑造出行为。这里要注意，作为强化的奖励必须是按自己的期望，因为只有自己想要的奖励才能起到强化的作用。可以是感受的强化，比如快乐，开心；也可以是物质的。总之。要随着不同的人和不同的情景改变，这一点后面会具体介绍。

3. 现在式

在潜意识中，过去只是现在的往事，未来则是现在的预测，潜意识只活在现在。对于潜意识来说，"我将会快乐"是表示你现在不快乐；可是，你未来会快乐。

首先，未来是从未到来，所以，不要要求潜意识在未来替你做事。

其次，对潜意识来说，未来就像夸父追日一样，永远都追不到。

最后，"不快乐"会成为潜意识现在要达成的目标。然后，潜意识就会以不快乐为任。

正确的用语，是使用现在式，比如："我很快乐。"这时候，你可能会说："我的宠物猫或宠物狗刚刚死去"，"考试'砸锅'了，我并不快乐!"可是，如果想要走出阴霾，就要想："我现在很快乐。""现在觉得快乐。"

神经递质是双向运作的：从心智传送信息到身体，也从身体传送信息到心智。当潜意识接受"要快乐"的指令后，此信息就会传遍全身所有细胞，让身体以快乐的表现回应。

4. 一次只采用一个暗示

潜意识对所有的暗示都是无条件接受的，如果一次给予的暗示过多，潜意识的执行能力就会降低，所以为了加强效果，通常一次只能采用一个暗示。例如，塑造观念，一次只塑造一个观念。当这个观念已经被灌输在潜意识后，即使出现其他观念，也将很难取代这个观念。

想象一下，你是一个大天平，两只手分别向旁边展开，并与地面平行。另外，两只手上各放一个秤盘。接着再想象，你是一个"摇晃的"天平，只要将东西放在天平的一端，天平就会倒向那一边。此天平衡量的是，对某事采用的观念。右手拿着的秤盘，上面放着负面的想法；左手拿着的秤盘，则是装着积极的概念。这时候，天平就会倒向优势概念的那一端。

假设在健康的家庭环境下长大，父母给了很多关爱和照顾，因此自我形象就是沉稳和自信的。左边满载正面概念，天平会向左倾，长大后会表现出自信。

相反，如果从小就在不正常的家庭环境下长大，经常被负面想法轰炸："你不好。""你以后一定一事无成。""你是坏孩子。""你怎么做都不对。""你永远学不会。"父母经常会带着愤怒或讽刺（情绪）责骂你。这时候，即使你很聪明、受过良好教育、长得俊俏，也会情绪低落。

当显意识和潜意识冲突时，潜意识总是占上风。为了将低落的情绪扭转为自信，只需要用沉稳和自信，击败低落的情绪的概念即可。要给予自己积极、健康、自尊的认知，则必须在天平的左边增加重量，并且让潜意识接受积极的概念。

5. 正向的暗示

很多行为心理学家和教育学家都发现，对于行为的塑造和改正来说，奖励远比惩罚更有效。而正向的暗示，给人们带来正向积极的引导也远比消极的暗示更有效。

孩子的潜意识会无条件地接受所有的暗示，采用积极的可报酬的形式，也是强化暗示效果的一种形式。因为如果暗示的过程非常愉快，可以得到报酬，那么消极的形式，例如"你今天不做作业，成绩就会不好"这类的暗示，孩子自然不愿意接受。所以，所有的暗示都应该是积极正面的，这样才有利于孩子接受，有利于他们积极心态的形成。

◆ 孩子的心智特点

社会学家艾力·艾力逊的研究指出，人的一生可以分为八个发展阶段，每一个阶段都有其心智成长的特定目标。如果在该阶段因为某些原因不能正常发展，这个人就会在生活上出现一些问题，长大后为了弥补这个过程，需要付出很大的人生代价。

艾力逊的研究结果，被现代的社会心理学家所尊崇，因为它解释了在不同社会里成年人性格和行为上出现种种偏差的成因。

八个阶段的前五个阶段，在一个人的 21 岁之前完成：

第一个阶段：0 ~ 1 岁 信任与不信任

第二个阶段：2 ~ 3 岁 自主与羞愧

第三个阶段：4 ~ 5 岁 主动性与内疚

第四个阶段：6 ~ 11 岁 勤勉与自卑

第五个阶段：12 ~ 21 岁 身份（与对角色）的困惑

如果忽视了孩子的心智特点，孩子的成长过程就会出现问题。

在催眠状态下，人更容易接受暗示，发挥潜意识的力量。可是，生活中只有少数的专业心理学者会催眠，并且在催眠状态下进行暗示，而这显然是不适合实际生活的。那么怎样才能让孩子的潜意识更容易接受暗示呢？

其实，孩子本身就容易接受暗示。首先，孩子的个性还没有完全形成，心智并不成熟。其次，对脑波的研究发现，人的脑波可以分为四种状态，分别为 Alpha、Beta、Theta 和 Delta 四种不同的脑波频率。这四种脑波，在任何状态下都会呈现，只不过在不同的状态下，不同的脑波会呈现出自己的优势而已。

正常清醒状态时，人的脑波频率大部分呈现为 Beta 状态；当开始幻想、白日梦、心不在焉的时候，会呈现 Alpha 状态；Theta 状态和 Alpha 状态类似，这是一种进入更深沉的状态，也是人在催眠状态下呈现的脑波频率；Delta 状态，是我们睡着时候的脑波频率。

其实，当脑波呈现 Alpha 状态时，我们的主意识就已经处于放松状态了。此时，潜意识就容易接受建议并乐意服从，而研究发现，孩子的脑波频率比成年人更常出现 Alpha 状态，孩子更容易出神，所以即使是不在催眠状态下，孩子也容易接受我们的暗示。

第三章　积极心态的培养

英国著名作家狄更斯曾经说过："一个健全的心态，比一百种智慧都有力量！"积极的心态总是与乐观、自信、成功联系在一起，其对每个孩子的一生都很重要。

心态积极的孩子，通常都会看到事物中积极有利、乐观向上的一面，不管是在平时的学习生活中，还是在人际交往中，都能建立起良好的关系；心态积极的孩子通常都心存光明远景，对未来有美好的期待，即使遇到困难和问题，也能凭借乐观的心态、坚定的信念和顽强的毅力战胜困难、走出逆境。

反之，如果孩子心态消极，通常只会看到事物中消极不利的一面，悲观、失望、沮丧等不良情绪会时常围绕着他们，长此以往，不仅会影响孩子身心的健康发展，还会对孩子自身潜能的发挥加以抑制。因此，帮孩子从小形成积极的心态，避免消极心态对孩子的困扰，是每个家长的责任。

◆ 乐观的人不会悲伤吗

暗示教养法的最终目标是培养孩子积极乐观的心态，那么怎样是乐观？

乐观的人是不是永远只有快乐，没有悲伤和痛苦？或者不管发生什么事，都很快乐才是乐观吗？

年轻的时候，刚认识的朋友，一旦知道了笔者的专业是心理学，不仅会以一种神秘的表情让笔者猜他正在想什么，还会以一种奇怪的神情问笔者："你是不是不会悲伤难过？"

试着想象一下：

一个被人误解的孩子完全不觉得委屈，正常吗？

一个孩子努力了好久，却没有得到应有的成绩，不觉得失望，正常吗？

全班同学都拿到了学位，只有你没有拿到，不能毕业，你完全不觉得羞愧，正常吗？

一个成年人刚失去父亲或者母亲，完全不觉得悲伤，正常吗？

一个因为地震而失去家人好友的人，完全不痛苦，而是整天乐呵呵的，正常吗？

积极乐观，并不等于不会有悲伤、愤怒、难过等消极的情绪，这些情绪都是人类的本能反应。从出生的那一天开始，我们就知道用哭泣表达需求，用愤怒表达不满；为了生存，我们都希望获得食物与父母的关注。

这些消极的情绪不仅是一种情绪的发泄，更是一种与他人沟通的信号，都是人生存的需要，例如，愤怒不仅是一种情绪的发泄，也是一种对其他人不满的信号，目的是要告诉其他人：我需要安慰和平复心情等。

有时候，正是因为有了这些情绪的表达，才使你关注到这个人的需求。因为失败而难过，因为失去亲人挚友而悲伤，负面情绪的表达是必要的，是人生存的本能。该悲伤的时候悲伤，该愤怒的时候愤怒，该失望的时候失望，这才是正常人的表现。

在心理治疗中，我们遇到过一些强迫症患者，他们中的很多人由于情绪受到压抑，不能正常表达，只能通过强迫的行为来使自己的情绪得到发泄，而他们自己却不能觉察。当采用心理治疗的技术使他们的情绪正常发泄出来时，他们的症状就会有所减轻；而当他们自己也领悟到这点，并且学会了情绪发泄的技巧后，他们的强迫症状也就消失了。

有时，我们还会发现某些经历严重创伤后的人，既不会哭也不会笑，什么情绪都不能表达。对这类人进行帮助的时候，首先就要帮助他们将情绪发泄出来。

完形治疗的创始人之一皮尔斯认为，人有追求完成的本能，情绪得不到体验，就是一种未完成事件；未竟事务一旦产生，就会成为生活中各种障碍产生的根源。例如，女孩小时候遇到快乐开心的事哈哈大笑，结果父母却教育她说：女孩子不能笑得这么肆无忌惮。长久之后，她就会逐渐地无意识地压抑自己快乐的情绪，就会采用其他方式追求快乐，如追求享乐。

皮尔斯认为，只有情绪得到充分体验，能量才能流动，才不会停留在用其他方式追求这种情绪体验。因此，不管是欢乐，还是悲伤；不管是消极的情绪体验，还是积极的情绪体验，都是人类的需要。这种需要一旦得不到满足，就会在无意中一直重复追求这种情绪体验，从而产生心理问题。

真正积极乐观的人，该哭的时候会哭，该笑的时候会笑，该怒的时候会怒。也就是说，并不是所有的时候我们都可以肆无忌惮地哭、笑、怒，正常的人都知道在什么样的情况下，可以表达这些情绪，而在什么样的情况下不适合表达。

在世界上并不是所有事都会如自己所愿，但可以通过自己的努力将坏事扭转，只不过需要一段时间的调整而已。既然事情已经发生了，悲哀痛苦是正常的，要接受自己，允许自己做一个正常的人，不能做一个没有情绪、没有失败的神。

◆ 怎样成为积极乐观的人

如何才能成为积极乐观的人呢？

1. 关注积极的方面，感激发生的好事

生存是人类的本能，关注不好的事，可以帮助我们避免遇到同样的事，从而让我们更好地生存。例如，看到电视上报道小偷如何偷东西、了解到世界上有多少抑郁症患者，就可以引起一定的警惕和警觉。

可是时间久了会觉得：好事太平常了！一旦习惯了安全的生活，就会认为这是平常的，就不会去感激这种安全的环境，只会抱怨生活中的坏事，这样就会变得悲观，觉得身边都是不好的事。有这样一个犹太传统故事：

有个男人住在一个犹太小村里，他家的房子很小，孩子却很多，妻子整天在耳边唠叨，他们不停地吵架，生活简直是糟糕透了。

男人想改善自己的生活，于是就去找当地的哲学家拉比。他将自己的情况告诉了拉比："我们全家人都生活在一个小房子里，到处都是孩子，没有隐私，妻子整天都唠叨我，拉比，帮帮我。"拉比问他："你家后院有鸡吗？"他说："有。""下周，把鸡带进屋里。""拉比，你在说什么？我们没有地方……""把鸡带进屋里。"

男人很虔诚，非常信任拉比。之后的一个星期，他都把鸡放在屋里。鸡毛、鸡粪、臭味混杂在一起。孩子们吵得更凶了，妻子唠叨得更厉害了：

"你为什么要这样对我们？房子本来就够小了"可是，他却回答说："这是拉比吩咐的！"接着，他们继续吵架。

一周终于结束了，男人跑到拉比那里，说："拉比帮帮我。"拉比问："情况怎么样？"他说："更糟了，家里没地方了，我们整天吵……很臭，太糟糕了。""孩子，你家后院有牛吗？""有，拉比！""把鸡和牛都带进屋里一周。""拉比，可是……""按我说的做。"之后，男人便把牛带进了屋里。这一次，情况更糟糕，连鼻孔里都充斥着这股臭味，一周都不得安睡。

一周之后，男人衣衫不整，憔悴不堪，浑身臭味。他找到拉比，说："拉比，帮帮我，情况太糟了！""你家后院有马吗？""有，我知道你想怎么做了。""把马带进屋里。"

接着，男人又把马带进了屋里。结果马乱踢乱叫，到处地跳，摔坏了很多东西，家里一片混乱，吵声不断。

终于一周过去了，他跑去找拉比，拉比说："现在你过得怎么样？""拉比，太糟了！""好的，下周你把动物都带出去，然后再来见我。"一周过去了，他来见拉比，拉比问："现在情况怎么样？""拉比，太好了，家里宽敞多了。气味太好闻了，我们一家人其乐融融，孩子很高兴，非常感激你，拉比！"

这个故事是不是很好笑，难道我们非要等到情况恶化了，才来感激眼前和身边的好事吗？什么时候开始感激健康，难道要等身体出现问题时？什么时候开始感激生活，难道真的要当我们有危险时？

在我们身边和内心都有无尽的幸福，不管是在餐厅里，还是在房间里，抑或是在我们心里，都有很多好事值得去感激。但很多人都觉得习以为常，难道真的要等悲剧发生之后才警醒吗？并不是这样的。

如果把感激当成一种生活习惯，努力培养感恩的习惯，就可以把自己培养成积极者，就可以具有感恩之心。因为当我们心存感恩之情时，就不会再把好事当作习以为常。当向别人表达感激时，自己有什么感觉？对方会有什么感觉？或者当别人感激自己时，自己会有什么感觉？

那么怎么培养感激之情呢？其中一个方法就是，每天都找出一两件事，将自己的注意力集中在这些事上，不管是在餐厅喝的第一杯咖啡，还是走向教室的那段路程，抑或是独自一个人在房间里闭着眼睛听十分钟音乐。

积极的人并不会无视生活中的各种艰难，而会随时与环境保持联系，不管是积极的，还是消极的。只有现实地生活着，接受生活中的各种不完美，即使生活充满艰辛，也会充满欢乐，这样才是一个积极乐观的人。

2. 改变

要想形成一种习惯或心态，最理想的方式是，每天用心坚持，亲力亲为。例如，采用思考或者日记的方式，让孩子将每天发生的好事记录下来，感激每天的美好。只有确实地去做、去经历，经过一段时间，孩子才会发生改变，才能越来越多地看到世界的积极方面。

从今天开始，孩子所要做的就是一点一点地改变。例如，思考"我能感激妈妈什么？她都为我做了什么？这些年来，她给予了我哪些？"要让孩子认真地去思考"三年级的老师都为我做了什么？"要鼓励孩子真正用心去思考生命中重要的人，为他做了什么，然后再表达出来，不要视之为理所当然。写信、致电或面对面说都可以。

今天，最有效的一种心理干预形式，是向他人表达感激之情。可以写一封表达感激的信，然后去拜访收信人，再把信读给他们听。研究发现，对他人表达感激时，是自己感到最幸福的时候。表达感激时，不仅孩子会感觉良好，对方也会感觉不错，这样就会创造一个双赢的局面。正如甘地所说："想让他人充满感激，先以身作则表达感激，他们才可能承接下去。"向他人表达感激，就会在你和对方之间启动一个上行螺旋，让对方和他人之间承接上行，传递出去。

3. 制订计划，尽力去做

每天起床之后，我们都会刷牙，甚至刷完牙都不记得是否刷过牙。为什么会自动去刷牙？因为这已经成为一种习惯。其实开始的时候，我们并不会这么做，通过不断地观察父母以及父母的教育，每天刷牙，就逐渐变成了习惯。

所以，要想变得积极，养成积极向上的习惯，就要制订计划。想改变什么，就列出改变的计划，然后按照计划实施，最后就会形成习惯。另外，对于自己想做而一直没有去做的事，也可以制订计划，然后去实现。

可是需要注意的是，人的精力是有限的，想要完成一个计划是需要付出大量时间和精力，所以一次不要制定超过两件的计划。完成这次的计划后，再制定下一个计划，这才是最合理的。

4. 想象成功

哈佛大学心理系主任 Steven Kosslyn 教授通过观察发现，当看到某样东西时，大脑中的某些神经元就会被激活；当我们想象同样的东西时，神经元也会被激活。换句话说，我们的大脑是无法区别真实的事物和想象的事物，这也是梦境为什么会那么生动的原因。

在刚开始讲课的时候，笔者也会紧张，也希望自己在学生面前热情和冷静，表现得很好。但正式开始上课的时候，还是会有点紧张。为了提高自信，笔者会想象自己上课的情景，会想象自己紧张的样子，会想象应对各种问题的情景，之后就会冷静许多，这时候上课就成了想象的重演。

　　加州大学洛杉矶分校的 Shelley Taylor 曾经做过一项研究：他把学生随机分成两组，一组学生不断地想象自己在考试中得到 A；第二组想象他们也得到了 A，但是是通过在图书馆不断学习努力，最后才得到的。结果，第二组想象到了整个过程和结果，因此更加成功。所以，如果想成功地做一件事，就要仔细地想象过程和结果，这样有助于事情的更好完成。

第二部分

教养方法

第四章　暗示教养法

　　每年，笔者都会接待无数个程度不同、因为各种心理问题前来就诊的当事人。除了研究治愈的方法，笔者更希望能创立一种教养法，培养出众多身心健康的人。

　　经过多年的心理研究与儿童成长研究，笔者发现，采用艾瑞克森式的催眠沟通方法可以有效地帮助来访者。米尔顿·艾瑞克森是一位美国著名的心理学家，也是世界上最伟大的催眠师之一，通过对其催眠和沟通的理解和运用，笔者创立了这套以催眠暗示为基础的儿童技能教养方法。

　　这套方法既是笔者对人生追求的理解，也是一套引导孩子成为优秀健康的人的系统方法，更是一套性格、行为、观念塑造和改变的有效方法，主要针对的是3~16岁正在发育成长的孩子。

◆ 什么是暗示教养法

　　如今，只要一谈到催眠，很多人就会觉得被控制和操纵了。其实不然。催眠只是一种沟通方式：通过与自己或他人的潜意识进行沟通，找到问题的真正原因，然后解决问题。在日常生活中，大多数人都不会发现潜意识对生活的影响，而艾瑞克森却发现了这一点，并且使用得出神入化。

在艾瑞克森的《催眠之声伴随你》一书中，曾经介绍过这样一个案例：

一名严重酗酒者向他进行求助，说："我的父亲、母亲、弟弟、妻子、岳父和岳母都是酒鬼，我自己也曾酒精中毒11次。我厌倦了与酒为伍的日子，可是又觉得自己没有能力改变，这完全是一种遗传的。而且我还是一名报社记者，经常需要喝酒，这也是导致我酗酒的原因之一。"

艾瑞克森听了他的讲述，给他的建议是：去植物园看看仙人掌，赞美一下可以在缺水缺雨的情况下存活三年的仙人掌。然后，好好想想自己的问题。

许多年后，一位年轻的女孩突然来访，她正是当年那位酗酒者的女儿。她非常感激艾瑞克森，同时又很疑惑艾瑞克森到底做了什么。自从艾瑞克森将那位酗酒者送去植物园后，他就再也没碰过酒，还换了工作。

为什么这个人突然就不酗酒了？其实，艾瑞克森正是巧妙地利用了间接暗示的技巧：以象征性的方式提议，让当事人通过对仙人掌的观察，使自己的潜意识发现自己的力量，最终通过自己的力量戒酒。所以，要想改变一个人的不良行为，就要给他的潜意识以最有效的暗示，并让潜意识发挥出自己的效力。这远比说教有效得多。

暗示教育的魅力在于，家长不用直接阐述自己的观点，或是当面斥责孩子，而是暗示、诱导孩子去思考和领悟，促使他们进行自我教育。这样，既不会使孩子丢面子，也不会损害他们的自尊心，更不会破坏家庭气氛，不会使孩子萌发出逆反心理和抵触情绪。

家庭环境的暗示，也是对孩子进行的一种无声胜有声的教育。在家庭教育实践中，家长要善于捕捉暗示教育的时机，积极创设暗示教育的情境，灵活地运用暗示教育的机制。

一般来说，家庭中的暗示教育，通常分为这样几种类型：

1. 直接暗示

所谓直接暗示，就是把自己的意思直接提供给孩子。例如，如果发现孩子没有洗手就准备吃饭，就可以笑着对他说："吃饭前洗手的孩子是好孩子，妈妈最喜欢这样的孩子。"这样，孩子二话不说，就会欢欢喜喜地把小手洗干净了。

2. 间接暗示

间接暗示是指，把自己的意识借助其他事物或行为间接地提供给孩子。例如，如果孩子吃饭经常把饭粒掉在地上，家长发现了，一声没吭，随即放下自己的碗筷，蹲在地上捡饭粒。当孩子看到家长这样做的时候，也会放下碗筷捡饭粒。

3. 反暗示

反暗示是外界刺激物的暗示引起相反的反应的一种暗示法，"激将法"就是其中的一种。例如，上幼儿园大班的浩浩，闹着要妈妈陪着睡觉。爸爸在一旁说："哟，浩浩昨天还不服是'胆小鬼'，怎么今天就成了'胆小鬼'了，连一个人睡都不敢?"这种巧妙的反暗示，往往能起到正暗示所起不到的作用。

◆ 暗示教养法的目标和宗旨

作为一套系统的技术，首先要具备目标，有了目标才能有计划地逐步达到目标。作为一套儿童教养的方法，它的基本目标就是教养出优秀的儿童。

对于优秀儿童的定义，笔者认为不能仅仅从智商、学习成绩进行判定。一个优秀的孩子应该是积极乐观的、充满自信的、心理健康的。智商的分数不是恒定不变的，遗传所提供的基础仅仅在于生理方面，而后天的努力更为重要。

心理学研究发现，人的智力可以分为流体智力和晶体智力。其中，流体智力是指在信息加工和问题解决过程中所表现出来的能力，比如，对关系的认识，类比、推理能力，形成概念的能力等。这种智力会随着年龄的增长而逐步发展，在30岁以后会随年龄的增长而降低。晶体智力指的是获得语言、数学等知识的能力以及解决问题的能力。这是一种可以依靠经验解决问题的能力，取决于后天的学习。在一生中，这种智力一直都在发展，只不过到了25岁后，发展的速度会逐渐平缓。

我们的智力测验，一般是测量晶体智力，也就是学业智商，取决于后天的学习，所以不要盲目地崇拜智商和分数，我们的孩子也能做到。

那么，怎样才能提高孩子的智商，提高学习成绩？是让他们天天学习，参加各种补习班？还是参加各种智力培训机构？抑或购买各种智力开发的书籍？都不是，最有效的做法是培养他们积极乐观自信的心态。

心理学研究发现，发生的事件并不是导致一个人情绪变化的真正原因，而是我们的认知。所谓的情绪，就是我们平常所说的开心、愤怒、伤心等，这就是著名的情绪"ABC理论"。其中，A代表诱发情绪的事件；B代表信念，也就是当事人对这件事的看法；C代表出现的情绪。"ABC理论"认为，诱发情绪的事件并不是导致当事人情绪的原因，当事人之所以会出现这种情绪主要取决于他们对这件事的看法。

有些学生在考试不及格后，会变得很沮丧。他们之所以会感到沮丧，并不是因为这次考试不及格，而是由于他们觉得自己是个聪明的学生，怎么能考试不及格，这种消极的态度，就会让他们出现消极情绪。

这种消极态度产生的影响远不仅如此，很可能会成为新的诱发事件：沮丧、担心自己不聪明的这种想法，不断地给潜意识施加暗示，而孩子自己却不知道，可是潜意识还在恪尽职守地发挥着它的作用，于是孩子就会变得不愿意学习，喜欢找各种借口；而无心学习、成绩不好，又会强化他们对潜意识的暗示，就会从一个聪明的孩子，变成学习成绩无法提高的孩子。

相反，遇到这种情况，积极的孩子会相信自己，他可能会感到惊讶，但不会沮丧。他会主动寻找客观原因，之后进行改正或者改进。

一个人的情绪取决于他对事件的看法，取决于他的心态。我们虽然无法改变事件的发生，可是却可以改变认知，改变对事件的看法，从而改变情绪，改变整个人生态度。

家长给孩子正面积极的期望与教养，就是一种让孩子学会正面积极态度的榜样，而这种正面积极的暗示同时也会激励孩子朝着家长希望的方向成长。如果孩子积极乐观，就会相信自己能行，相信自己能做好一切，相信智力不是天生的，相信自己的能力会逐步提高，相信自己的学习成绩会好，当这种信念不断地灌输给潜意识时，学习成绩必然会逐步提高，其他能力也会不断发展。由此可见，暗示教养法的最根本目标就是培养出积极乐观的孩子。

◆ 开始教养

暗示教养法是一套系统的教养子女的方法，也是改变儿童行为问题的操作宝库。简单易学易操作。现在，就来给大家介绍一下如何使用暗示教养法。通常来说，要经历下面几个步骤：

第一步：建立正确的态度。

虽然这套方法主要是以实际操作为主的，也就是要教给家长改变思想和塑造行为的技能，可是为了实现更好的教养效果，家长首先要建立正确的态度，这一点十分重要。

（1）教养的目标。

如今，很多所谓的"神童"都是学习成绩十分优异的孩子，他们识字比其他孩子多、比其他孩子早，他们会背更多的诗、会做更多同龄孩子不会解的题。为什么呢？因为家长们都认为，学习成绩好才是优秀的孩子，所以他们的目标就是要培养出学习成绩优秀的孩子。

因此，在孩子很小的时候，家长们就教他们识字、做题。即使会花费许多时间和精力，他们也心甘情愿。可是，我们的教养目标并不在于此，成绩的提高、智商的提高只是教养成功的附带品。要建立正确的态度——教养的目标是培养积极乐观的孩子。

（2）教养不是一两天的事。

制作树桩盆景的时候，要先用金属丝或棕丝扎缚枝干，将枝干弯曲成一定形状，然后进行修剪。要想永久保持自己想要的形状，必须根据树木的种类和实际情况确定扎缚的时间。

同样，孩子的行为和观念也不是一下子就可以形成的，要根据孩子本身的状况、家长的态度以及其他多方面影响来制定计划，逐步使他们成形。

树桩盆景成形后，虽然可以解掉金属丝或棕丝，可是后期还需要不断地修剪，如此才能保持形状。孩子的教养也是一样，在他们养成我们希望的行为或者观念后，虽然不用再继续实施严格的教养计划，可是依然需要采用教养技巧进行巩固。

行为主义心理学家研究发现，任何一种行为的塑造和改正，都需要制定目标，然后选择强化物；之后，再将目标分解为小目标，逐步实现目标。

著名的心理学家斯金纳曾经把小白鼠作为一个实验对象（如下页图所示）：

他将一只小白鼠关在特制的箱子中，箱子中有个杠杆，当小白鼠不小心碰到杠杆时，就会有食物掉入箱子。只有在碰到这个杠杆的时候，才会有食物掉落。结果，仅仅吃了几次食物后，小白鼠就学会了按压踏板。同样，如果将食物撤销，不管它怎么按压这个杠杆，都不会出现食物，几次之后，按压杠杆的行为也会消失。

这里的目标就是，希望小白鼠学会按压特定的那个杠杆获取食物。强化物为小白鼠的食物。

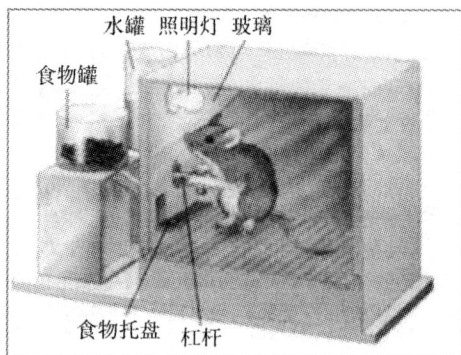

斯金纳箱示意图

和小白鼠比较起来，人类的行为要复杂得多，所以在遇到复杂的行为时，要将目标分解为小步骤。

女孩 3 岁的时候，已经会走路会说话了，妈妈希望她能够对跳舞产生兴趣，喜欢跳舞，学会基本的幼儿舞蹈。那么，我们可以自己教育孩子而不将孩子送去才艺班学习吗？当然可以。这个行为的目标是学会跳幼儿舞蹈，并爱上舞蹈。对于一个 3 岁孩子来说，是不可能一下子就学会跳舞的。这样，我们可以按照以下步骤来进行：首先，确定孩子的情况，也就是基线水平，看看孩子会什么。然后，将目标分为几个子目标：

1）希望孩子听到音乐，就会跟着音乐摆动；

2）希望孩子跟着音乐的节奏摆动；

3）跟着电视上的幼儿舞蹈，学习简单的动作；

4）能够熟练地跟着电视上的舞蹈动作；

5）不用看电视演示，自己能够跟着音乐节奏简单舞动；

6）选择强化物，也就是奖励。

曾经，有一位家长带着超重的儿子来笔者这里想要减肥。在认真了解情况并与孩子和家长进行协商之后，就为孩子制定了一份减重计划：

第一，明确目标。前来就诊时，他 11 岁，身高为 1.48 米，属于正常范围；但体重为 70 公斤，远高于这个年龄阶段的正常体重（40 公斤左右），属于过度肥胖，于是选择目标是一年内减掉 30 公斤，达到 40 公斤的理想体重。

第二，评定基线水平。比如，目前的体重、目前的饮食和运动状态，以及平常吃的东西包括正餐、零食、宵夜等。

第三，建立实施与评价的计划。与营养师商量合理的饮食，不能随意吃零食，每天锻炼的时间累积不低于 30 分钟，每天至少锻炼 6 次；不论天气如何都要散步，距离不少于 3 公里。这些计划都是根据孩子的实际情况，与孩子、父母以及营养师共同讨论出来的，每个孩子的状况不同，运用起来也会有所不同。

第四，注意减肥成功之后成果的巩固，达到目标之后要继续进行记录，保持行为，并适时地给予奖励作为强化。

因此，不能幻想一夜之间孩子就能够如家长所愿变成自己想要的样子，行为的塑造和改正都是需要时间的；而且，即使行为塑造成功或者矫正成功后，也不能觉得大功告成了，还要继续进行适当的强化，巩固孩子的行为。

（3）对孩子充满希望。

家长要对孩子充满希望，坚信孩子是会改变的。这样，既能给孩子树立正向的榜样，又能通过期望对孩子的潜意识产生影响，促进他们的改变。

每个孩子都有完善发展自己的愿望和能力，都希望自己能更好，而只有相信自己会更好，这种愿望才会通过孩子的潜意识和意识发挥力量。

第二步：了解潜意识。

潜意识有自己的特点，是我们每个人都具有的，但又是看不到摸不着的。可是，我们依然不能否认它的存在与力量。只有充分了解了潜意识的运作法则，才能更好地运用潜意识的力量。

暗示教养法的基本原理，就是基于暗示的运用，对孩子的潜意识进行影响，发挥他们潜意识的能力，轻松地形成稳固的行为和观念。因此，只有充分了解潜意识的运作法则，才能更有效地运用暗示；只有对自己的潜意识进行改变，影响孩子的潜意识并塑造他们的观念，才能培养他们积极的个性、改正他们的不良行为。

第三步：学会暗示。

暗示是我们教养法之中最核心的技能。那么怎样施加暗示呢？采用什么样的方式进行暗示呢？在孩子积极心态的形成过程中，家长乐观的态度、和谐的家庭环境，都会对孩子的心态形成积极的暗示，因此平常就要对孩子进行积极的引导。举个例子：

有一次，笔者看到一个妈妈带着孩子在公园里玩。孩子不小心跌倒了，坐在地上哭。这时，有些家长会急忙过去扶起孩子，看看孩子有没有受伤，然后安慰孩子，可是，这样做会给孩子造成消极的暗示，并且会对他的这种行为潜意识中进行鼓励，那么积极的暗示是怎样的？

那个妈妈做了一个让我意想不到的动作——假装自己也摔倒了，并且哭声比孩子还大。听到妈妈的哭声，孩子停止了哭泣，他好奇地看着妈妈，眼里充满疑惑。之后，妈妈也停止了哭泣，对孩子说："妈妈不小心跌倒了，你能扶妈妈起来吗？"并伸出双手。

孩子犹豫了一下，之后就自己站了起来，走到妈妈身边将妈妈扶了起来；然后，母子俩像什么都没发生过一样继续玩。

笔者十分佩服这位妈妈的机智，因为她给了孩子非常好的暗示。首先，她用自己的行为让孩子明白，摔倒并不是什么大不了的事，站起来就行。其次，她让孩子发现了自己的能力，给了孩子"自己可以帮助别人"的积极暗示。

在养育孩子的点滴过程中，家长的行为举止都在给孩子发出暗示，而最有效的暗示就是间接地让孩子自己接受，而不是直接把观念强加于孩子。所以，要学会用生活中的点滴进行暗示，让孩子本能地去发现，用孩子的希望和爱好作为强化。

对于孩子的问题，要将问题转化为正向的暗示，然后再实施自己的教养计划。

第四步：掌握运用本书的方式。

本书有多种使用方法，可以根据自己的喜好、时间和需要进行调整。

首先，这是一本儿童问题行为矫正的教科书。

本书不但介绍了教养方法与教养技巧，还配合丰富而典型的案例供大家参考与理解。案例力求全面，当然难免有些问题笔者没有遇到过。开始的时候，大家可以参照笔者做的实例进行模仿。技能的学习源自模仿，使用本书的教养技巧也是一样。一旦熟悉了这些步骤，感受到它的作用，就会变得得心应手，并找到对待自己孩子的最好方式。

其次，本书是一本关于人的成长观念的书。

本书介绍了笔者对人的一些看法、对儿童成长的看法、对优秀人才的看法，以及对人生追求的看法，希望能给大家带来参考与启发。

对于急于解决孩子问题的家长，可以直接参照方法和案例。但这种改变是暂时的，如果想让孩子真正发生本质上的、永久的改变，那就要认真研究笔者所说的成长的目标以及和潜意识运用有关的基本观念，然后再学习方法。如此，不仅可以真正改变孩子的观念和行为，也会使孩子在成长中更加积极乐观。

◆ 把问题转换成正向暗示

暗示教养法的核心内容就是暗示，对于孩子的问题行为，我们要做的就是将他们的问题行为转换成正向的暗示。我们要理解这样几个问题：怎样的暗示对孩子有效？孩子的问题可以转换为什么样的正向暗示？该怎样转换？

◇ 如何转换

言言是个 8 岁的男孩，爸爸妈妈希望他能够在自己的床上睡觉，因为直到现在，他还和爸爸妈妈一起睡。为了将这个问题转换成有效的正向暗示，笔者与孩子以及他的爸妈一起进行了讨论，之后便和孩子有了这样一段对话：

"睡自己的房间是不是很好啊？"笔者问言言。

"不知道。"他面无表情地回答。

"这么做，对你有什么好处？"笔者继续问他。

"没有好处。"

"可是，在自己的房间睡觉一定有好处，不然你爸妈也不会希望你去做，对不对？"

"应该吧。"

"你喜欢玩什么？我看到你有很多玩具车和玩具飞机。"

"是的，我非常喜欢车和飞机，你看，这是我最喜欢的！"言言的眼睛里开始亮了起来，并且很得意地展示了他数量繁多的玩具。看到他开心，笔者也感到十分喜悦，于是就跟他玩了起来，让他逐渐对笔者产生信任。

"这辆车造型好酷，是谁买给你的？"

"是爸爸妈妈在百货公司买给我的！它还能变身！"显然，他很得意。

"爸爸妈妈对你很好，对不？"

"是的，我喜欢的玩具，他们都会买给我，只是有时候要求我做完作业再玩。"

"我知道，他们很爱你，为了让你开心，才给你买了这些玩具。"

"是的。"

"为了你好，要求你做完作业再玩。"

"是的。"

"那他们要求你自己睡，一定也是为了你好。对不？"

"嗯，我想是的，他们总是对我很好。"

"我确定这样做对你一定有好处，我们一起问问爸爸妈妈到底有什么好处吧！"

他的父亲说："早上在自己的房间醒来时，就可以自己玩了，这不是很棒吗？"

他的妈妈说："床很宽敞，你可以随便打滚，我相信，你会睡得比较好，上课听讲就会比较专心。也许，你还会得到更好的成绩！而且，你已经是个小男子汉了，你不想让班上的其他人知道，你还和我们一起睡吧！"

在这段谈话之后，言言决定尝试自己睡了。

在这个例子中，怎样将孩子不愿意自己睡觉的问题转换成正向的暗示？答案便是：他将会有更多的时间玩，睡得更好，成绩更好，成为一个男子汉。

在与言言进行谈话之前，笔者已经同他的家长进行过简单的交流，了解了他的兴趣爱好；而家长所说的好处，也是经过我们选择的。我们就是要用孩子期望的结果，来引导他自愿地去从事这件事。但这并不是结束，在孩子愿意改变之后，还是要不断给予暗示和适当的强化，让他越来越喜欢这个行为。

◇转换的原则

将问题转换成正向的暗示，并不是随心所欲的，要想得到希望的效果，要注意几个原则：

1. 根据不同的需要设定不同的暗示

要根据不同的需要、不同行为的矫正、不同习惯的养成等，来设定不同的暗示。例如，要养成主动学习的习惯和改掉吸手指的习惯所需要的暗示肯定是不一样的。

2. 不能生搬硬套同样的暗示

不同的孩子有不同的性格、不同的爱好、不同的成长环境，不能生搬硬套同样的暗示。例如，对于看到开关都要去按的坏习惯，男孩和女孩所要设定的暗示一定是不同的，因为他们的需要不同。

3. 根据孩子自身的需要找到平衡点

要根据孩子自己本身的需要，找到孩子和家长共同都能接受的平衡点，逐步进行，不能一味地只根据家长的需要设定暗示。如果希望孩子学会弹钢琴，并精通于钢琴，首先就要引导孩子对这些感兴趣，不能强迫孩子。

4. 不要强制给孩子灌输观念

暗示要尽量是间接的，要让孩子自己领悟到什么样是对的，不要强制地给孩子灌输观念。如果孩子不喜欢吃蔬菜，就不能将"蔬菜非常健康、非常好吃"的观念灌输给孩子，可以叫来一些爱吃蔬菜的孩子，让他们一起吃饭一起玩。当孩子发现只有自己与别人不一样时，就会产生改变的意愿。这样，再一步步对他进行改变就容易多了。

5. 找到适合孩子和行为的奖励

设定好暗示后，要找到适合孩子以及行为的奖励作为强化，同时要计划好强化的给予与频率。对于孩子行为的及时反馈是孩子行为养成和矫正的关键之一，在养成行为的初始阶段，行为出现的时候立刻给予反馈，可以帮助孩子以最快的速度养成习惯。需要注意的是：

首先，要找到孩子真正喜欢的奖励作为强化，这种奖励可以是言语的肯定、称赞，也可以是肢体的拥抱、拍拍肩膀，还可以是带他们出去玩，让他们看电视、玩游戏，也可以是孩子特别想要的玩具等，总之，要根据孩子的需要，以及不同的行为来设定奖励。

其次，要慎重使用物质奖励，尽量使用精神奖励来配合物质奖励，防止孩子对物质形成依赖，将某个行为当作获取物质的途径。

有一天，笔者遇到一位家长，在闲聊中，他跟笔者倾诉：他的孩子，除非给他钱，要不然什么事都不做。孩子做什么都要谈钱，写作业妈妈要给钱，看书妈妈也要给钱，更别说让他帮忙做家务了。

经过了解发现，原来在孩子小时候，妈妈就阅读了关于行为疗法的书，学习了里面的方法：孩子洗碗给他一元钱，拖地给他2元钱，考试前三名就给他10元钱，第一名就给他50元，而孩子也做得很开心。

开始的时候，他们还很得意，孩子所有的零花钱都是自己赚的，他们也经常跟亲戚朋友炫耀孩子很懂事，从小就自食其力。可是，随着儿子的逐渐长大，便学会了跟他们提要求，例如，爸爸让他去帮忙倒杯水，他要求给钱，否则就不去；之后，逐渐发展为不管做什么事都要谈钱。

其实，这个孩子之所以会变成这样，主要是因为妈妈对心理学的研究一知半解。过多地使用物质奖励，给孩子的潜意识灌输了这样一种暗示：做什么都要钱，在世界上钱才是最重要的。孩子没有其他乐趣和追求，只喜欢追求钱。这种教养方式使他的潜意识形成的价值观是：钱是最重要的。因此，在教育孩子的过程中，要慎重使用物质奖励，尽量使用精神奖励和肢体的拥抱，让孩子感受到精神的愉悦、快乐、父母的爱，这本身就是对孩子的潜意识产生正向的影响。

6. 尽量不要使用负面暗示

暗示要正向积极，尽量不要使用负面暗示。例如，强调某个行为会带来的不良后果。当然，并不是说不能提不良后果，负面的暗示可以作为适当的补充，可是还要以正向的暗示为主。我们的目标是培养积极乐观的孩子，强调积极正向的暗示就会对他们的潜意识产生正向的影响，因此就要引导他们形成正面的心态与情绪。

7. 一次只改变一个行为

笔者经常听到家长们抱怨：孩子越来越调皮，总是跑来跑去，安静不下来；不喜欢学习，到了晚上却不肯睡觉，早上又不肯起床，不想上学；在学校不认真听课，扰乱课堂纪律，影响其他同学。

很多家长都会有类似的感受，为了快速地矫正孩子的行为，笔者建议一次针对一个行为设定暗示和实施矫正。当然，在改变行为的同时，还是要持续给他的潜意识施加正向积极的暗示；在行为基本改变之后，就可以开始另一个行为的改造了。

◆ 正向暗示教养的实施

家庭教育中的"暗示法"对孩子一生起着潜移默化的作用，会在不知不觉中从侧面影响孩子，在培养孩子的性格、学习和生活习惯、品质等方面发挥着不可低估的作用。

其中，对孩子的"暗示"可以分为"积极暗示"和"消极暗示"。"积极暗示"能促进孩子的健康成长，培养良好的性格和心态；而"消极暗示"则是孩子心灵的腐蚀剂，会让孩子情绪低落，产生自卑和自弃心理。在家庭教育的过程中，家长要充分利用"积极暗示"，把教育意图融入孩子的心底，让孩子在潜移默化中受到教育。

◇ 建立信心

在明确目标、确定要矫正的行为或者要塑造的性格和习惯后，就可以开始实施暗示教养法了。我们要建立信心，相信孩子是有潜能的。

这里所谓的"潜能"，就是孩子天生就有倾向于正向发展的能力。对于这种能力的描述与研究，起源于人本主义心理学。人本主义心理学认为，人天生就有完善、成长和发展自己潜能的趋势和能力。所以，这里所说的"潜能"并不是没有被开发的能力，更不是被掩盖的能力。

每个人的能力大小不同、方向不同，例如，同样是乒乓球运动员，有的人可以成为世界冠军，有的人只能成为省冠军。同样都具有打乒乓球的非凡能力，都很优秀，可是他们在这方面的能力还是有大小区别的。

至于方向的不同，就更好理解了，有的人擅长跑步，完全不会打乒乓球；有的人擅长数学，化学却一塌糊涂，我们必须尊重并接受这种事实。

潜能是每个人都具有的一种能力，孩子同样如此。在孩子的潜意识中，生来就有希望自己朝着更好的方向发展的能力，所以我们应该对孩子充满信心。只有让他们知道什么是更好的，他们的潜意识就会发挥力量，就会拥有朝着更好的方向发展的能力。

1. 赏识孩子

放学一回到家，天天就对爸爸说："爸爸，今天老师当着同学的面读我的小作文了，老师夸奖我写得好。"

"是吗？真厉害！和爸爸说说，你写的什么作文？"爸爸很高兴地问。

"题目是'最让我开心的事'，我就写了咱们上次出去吃烧烤的事情。老师夸我写得不错！"

"真是好样的，等会儿吃饭的时候一定要多吃点，以后还要好好写作文啊，好吗？"

"嗯，我以后一定好好写！"天天高兴地跑到饭桌旁边，等待吃饭了。

作为父母，适时对孩子的成绩给予积极评价，告诉孩子因他的成绩而自豪，是对孩子极大的鼓舞，会促使孩子乘势而上，取得更优异的成绩。因此，当孩子达到了某个既定目标时，父母一定要把握机会，及时地赞扬孩子。

赞赏是激发孩子内心张力的不可缺少的外部驱动力，每个孩子都有他的长处，家长要学会赏识，用赞赏、相信的眼光看待每一个孩子，给他们信心和力量，使他们敢于进行大胆的想象、创作活动。

要相信，孩子虽小却具有巨大的学习与发展的潜力，这是现代科学研究所证明了的。另外家长还要相信，每个孩子都有一颗积极向上的心。

2. 多鼓励孩子

当孩子做错时，首先就要想好指正孩子的方式，如果二话不说劈头就骂，或直接指出失败的原因，孩子会在反感的情绪下抗议指正的内容，甚至消极应对，自然无法有效地协助孩子面对问题。

孩子本身的经验是有限的，自我认识模糊，易受暗示，可塑性强，其自信心最初是建立在别人对他的反应上。因此，要多用微笑、赞许的话来鼓励他们。比如：

你知道问题在哪儿吗？能试着改过来吗？我相信，你肯定行！

你已经很努力了，别急，自信点！

你一定是个聪明的孩子，成绩一定会赶上去的。

这个问题有点儿难，但我相信你有能力去解决它！

只要认真细心，什么也难不倒你！

你的解题思路不错！考虑得真全面！

这个想法很不错！

你瞧，通过努力，你成功了，祝贺你！

3. 对孩子实施建设性批评

当孩子缺乏信心或失去信心时，可以适时地对他说一些表示支持的话语，比如："嗯！做得不错。"或"想必你已用心去做了！"等，最后再鼓励他"如果能再稍微注意一点，相信下次可以做得更好。"这种积极有建设性的检讨态度，可以使孩子不断进步，更加有自信心去与父母沟通问题。

4. 正确的问题解决模式

自信心对于孩子智力发展影响很大，在教育孩子时，要留心一些必须注意的事项。例如，孩子必须具备适应各种状况的能力，即使遇到复杂恼人的问题也要保持冷静，积极寻找解决问题的正确方法。

在教育孩子的过程中，要引导孩子面对问题、正向思考、信息处理、拟定解决策略与方案，有效地解决问题。

5. 运用自我暗示语言

积极暗示会增强孩子的自信心，孩子的心态也会随之平稳。当孩子参加有挑战性的活动时，可以让孩子在心里暗暗地鼓励自己：我可以战胜困难。在这样的积极暗示下，孩子会变得坚强和勇敢，也就能够克服任何困难了。

培养孩子自我语言暗示，让孩子主动自我思考："我要自己想"、"我要自己做"，孩子经过自我语言暗示后，必然会运用自己的能力实现自定的目标。

6. 放手让孩子去做

每个孩子都有上进心，孩子虽然年龄小，却具有巨大的学习和发展潜力。在日常生活中，要有意识地让孩子承担一些责任，如自己吃饭、自己整理房间等。

让孩子做力所能及的事情，不仅可以锻炼他们的动手能力，还能让他们获得自信。家长应更多地为孩子提供活动和表现能力的机会，放手让孩子参与各种活动。

7. 让孩子经受挫折

父母如果事事包办代替，或把孩子看得过于娇弱，尽自己所能为他们做各种事情、解决各种问题，对孩子自信心的培养是极其不利的。

孩子是在活动中获得发展的，家长要为孩子提供各种机会与条件，放手让孩子进行操作，让他们学会自己的事情自己做，比如，早上起床，让他自己穿衣服、自己洗漱；上学的时候，让他自己背书包。

8. 为孩子提供做决定的机会

做决定是一种权利，也是一种责任。孩子虽然年龄小，但也和成人一样，是一个独立的人，也有做决定的权利。一方面家里要有规则，另一方面要让孩子自己来做决定、想对策、做计划，如早上孩子不愿意穿妈妈拿的衣服，可以拿两套衣服给孩子自己选。

9. 调整对孩子的期望值

现代情绪理论认为：在一般情况下，一个人的自信心与他的成功率成正比，成功越多，期望值越高，自信心越强；反之，失败越多，期望值越低，自信心就越弱。对好胜心强、意志力差、易受外界影响的孩子来说，尤其如此。因此一定要根据孩子的具体情况来不断调整对孩子的期望值。

◇培养积极的人生观

培养孩子积极的人生观，是暗示教养法的目标、原则，也是贯穿于所有的教养、思想塑造与行为矫正的实践之中的重要理念。

积极的人生观是孩子能够克服困难、取得成功的基本条件。一个没有积极人生观的孩子在遇到挫折时便会消极厌世，就会以逃避的态度来掩饰自己的失意。这样的孩子，通常只知道埋怨生活的不公平、命运的坎坷，而不会从另一个角度积极地看问题。

现在，很多孩子都缺乏正确的人生观教育，轻言生死，认为人生毫无意义，一味沉迷于享乐。这些都是典型的消极人生观的体现。生命的意义在于不懈的追求，人生的价值也不在于最终的结果。父母应该帮助孩子树立正确的人生观，让他们准确地把握人生的意义，这样才能支撑他们获得成功和快乐。

1. 让孩子给人生确立一个积极意义

著名心理学家毕淑敏曾说，人生是没有任何意义的，可是得为之确立一个意义。每个人都应该为自己的人生确立一个意义，为自由而活、为追求知识而活、为人类生活得更加美好而活，这些都是人生积极的意义。

肖欢是个初一的女孩，有一天，她突然问妈妈："人的一生应该怎样度过才有意义呢？如果人死了，这意义还存不存在呢？"妈妈笑了，说："你的人生应该由你来做决定，可是如果想让自己死了之后还有意义，就必须为社会创造价值。"肖欢想了想，说："那我做个作家，记录我们时代的真实生活，有意义吗？"妈妈点了点头。

孩子进入初中以后，人生观就会逐渐形成，当孩子问到关于人生或者死的问题时，不要感到诧异，应该积极地与孩子进行探讨，鼓励孩子为自己的人生确立一个积极的意义。

2. 利用榜样的力量

古今中外，很多成功人士都拥有为社会做贡献的积极人生观，可以多给孩子讲一些名人和成功人士的人生观，激励孩子向他们学习，让他们结合自己的知识水平和生活经验，形成适应这个时代的正确人生观。

自上中学以来，晓琴就对"人活着是为了什么"感到困惑。有时候，她会觉得人终究会死，便觉得学习和生活都乏味得很。

妈妈与晓琴聊天后得知了她的忧虑，便为她买了一本《钢铁是怎样炼成的》。晓琴如饥似渴地阅读着这本书，深深地被保尔为国家牺牲一切的信念和崇高的人生观所感染。她在自己的书桌上写下了书中那段著名的话，并以此作为座右铭，时刻激励自己。

没有正确的人生观做指导，人生就是在黑夜中赶路，是找不到正确方向的。父母可以为孩子讲述一些伟人的故事，让这些人物的人生观激励孩子正确地面对人生，树立正确的人生观。

3. 培养孩子的社会责任感

任何正确的人生观都必然是符合社会发展的，也就是说，每个成功的人都必须具备社会责任感。没有社会作为支撑，任何人的一生都毫无意义，只是一个生死的过程而已。

在对孩子进行人生观教育时，一定要强调社会责任感，这是任何正确的人生观都不可缺少的内容。小到为家庭、为公司，大到为国家、为民族做贡献，都是正确的人生观，有意义的人生必须要树立信念。

4. 培养孩子乐观积极的人生态度

具备一个乐观积极的态度有利于孩子树立起正确的人生观。乐观地看待困难和挫折，本身就是树立正确人生观的一种表现；同时，这种品质还会让他们更容易关注他人和社会的需求，从内心确立强烈的责任感。

孩子在生活中遇到困难时，父母应该指导他们用乐观、积极的态度来面对，不能消极厌世。例如，当孩子考试不如意，感觉身心俱疲，从而认为考试没有意义、生活没有价值时，如果能够指导孩子用积极的态度来看待失意，孩子正确的人生观也就建立起来了。

5. 身体力行，从自身做起

培养孩子积极的人生观可以渗透在生活中的各个方面，而最主要的是，家长要培养积极的人生观，因为家长自身的思想会对孩子产生影响。

家长的人生观决定了家长的行为，孩子通过观察、学习，就会逐步形成自己的人生观，所以，家长要尽量以积极的态度对待生活、热爱生活。与孩子相处时，要引导他们看到积极的一面，发现生活的乐趣，发现自己的力量，帮助他们积极地看待挫折。

6. 需要注意的事项

在引导孩子培养积极人生观的过程中，有些事情是需要注意的：

（1）引导孩子去欣赏过程之美。

如果只重视结果，几次的失败就会造成挫败感，而这很可能会导致他们今后的努力都是为了避免失败，而不能主动地去获取成功。因此，要引导孩子去欣赏过程之美，而不是只重视结果；引导他们去获取成功，而不是去逃避失败。

（2）培养孩子乐于助人的品质。

有些人觉得，帮助别人，如果别人感激的话还好；如果什么都得不到，就等于白费力气。所以，对于乐于助人的品德也只是说说而已，并不想让自己的孩子花太多时间或者精力去帮助别人。可是，这种想法是不正确的。

首先，与上面所说的享受过程之类似，我们在乎的不能仅仅是结果。

其次，在帮助别人的过程中，我们已经得到很多。能帮助别人，就说明自己在某个方面比别人强，这样在无形中对我们潜意识产生的暗示是：我比别人优秀。所以，要感谢那些接受我们帮助的人，更要乐于帮助那些人。

◇目标的设定

现在，我们来谈谈目标的设定。前面已经提过，对于孩子观念的形成或者行为的塑造和矫正，最好的是一次只设定一个目标；在目标基本达成之后，再设立下一个目标，同时还要不断巩固第一个目标。可是关于孩子的问题很多，我们该怎么选定第一个目标呢？

有一位家长曾经这样抱怨：

我的孩子越来越调皮了，整天跑来跑去，爬上爬下，没有一刻安宁，不喜欢学习，一坐到书桌前准备学习就犯困。到了晚上，该睡觉的时间却不肯睡觉，还要继续玩游戏。早上不肯起床，不想去上学，好不容易把他弄起来送他去学校，还在学校捣乱，不认真上课。上课喜欢招惹其他同学，不是拍这个一下，就是打那个一下，弄得老师和其他孩子都觉得他烦。

这么多行为需要矫正，可是哪些是真正需要矫正的，哪些是有利于孩子成长不需要矫正的？到底该选择哪一个先进行矫正？

首先，我们对孩子进行了深入的了解。这个男孩7岁，上小学二年级，贪玩好动。可是，通过对孩子好动的行为进行评估，并没有发现与同龄孩子的显著差别，更没有多动症之类的倾向，所以笔者认为不需要对他的好动进行矫正。这些行为的本质都是相同的，不喜欢学习，对学习没有兴趣，所以真正的目标是培养他对学习的兴趣。

这是所有行为问题中最为本质的，也是大部分存在行为问题的原因。在解决这个问题后，其他行为可能就会消失。当然，如果之后还存在其他行为问题，也会更容易矫正。

如何在众多希望和要求中选定第一个目标，就是寻找最需要解决的问题以及这个行为问题的根本原因。将根本原因的改造作为第一目标，其他由于这个原因产生的行为问题自然会消失或者变得更容易矫正。

回到上面的例子，男孩的调皮好动贪玩都是正常的，父母真正担心的是孩子学习成绩会不好，所以目标就要培养他对学习的兴趣。建立起对学习的兴趣后，他的注意力就会部分转到学习上，贪玩好动也会自己控制住。对学习产生兴趣后，坐在书桌前学习就不会犯困，对于上课捣乱的行为，也会有所控制。

当然，也要考虑到 7 岁的儿童自我控制能力较弱，他们可能有控制自己的想法，但生理和心理上不一定能控制住，所以还是要了解他们这个阶段的特点，同时配合后期的一些继续矫正和巩固的工作。

家长的目标都是教出积极优秀的孩子，可是本节所指的目标是具体的并且想要达到的，例如，想要改变孩子懒散的个性，想要孩子热爱学习，想要孩子性格外向一些等。当然，在这些目标的实施过程中，总体的目标永远都是一个。

如同爬山一样，我们的总体目标是爬到最高的山峰，而具体的小目标就是：爬过每一个小山腰、小山头，最终到达那个最高的山峰。总之，解决了关键问题，其他问题就迎刃而解了。所以，目标的选择就是要找到最关键的问题。

◇寻找目标实现的各种可能性

找到关键问题及其原因之后，就要探讨解决问题的各种可能性。这里，同样以上一节所说的孩子为例。

这个孩子的根本原因是不喜欢学习，对学习没有兴趣，要解决的问题就是，怎样让他对学习产生兴趣。因此，就要对他不喜欢学习的原因、他的兴趣爱好及个性、他什么时候能安静坐着等多方面进行了解。

这个孩子觉得书本一点意思都没有，不如电脑游戏好玩，他喜欢玩赛车的游戏，并且玩得很好，只有玩电脑游戏的时候他才能坐得住，而一坐到书桌前拿起书本就觉得无聊。因此，我们要做的事就是，让他觉得书上的内容是很有意思的。

怎样才能让他觉得有意思？先了解一下，他平常对什么感兴趣；之后，将他觉得有意思的事与书本进行结合，例如，开始的时候可以给他这样的暗示：他学会了书上的内容会像玩赛车一样开心。

还可以帮助他在学习过程中获得跟玩游戏一样的成就感，或者让他知道要做出这样的游戏需要学习书本上的内容；或者今后想要可以一直玩游戏，成为专业的玩家也要通过学习等。

在探讨尽可能多的可能性之后，才能在孩子的生活中设定更多的暗示，将问题转换为正向暗示，制订切实可行的计划。

◇暗示的设定与实施

在确定了目标和寻找到目标实现的各种可能性后，就要将各种的可能性转换为正向的暗示。为了对暗示进行更有效的设定与实施，需要制订计划。

我们设定了多个暗示，要尽可能多的在生活中不断地给予他暗示，为了强化他的行为，促进行为的形成，在他出现我们希望的行为之后给予反馈。虽然给予暗示要随机应变，在适当的时候需要给予，但还是要有计划。

例如，如果想培养孩子乐观积极的心态，除了家长自身的乐观积极外，还要每天晚上睡前告诉孩子：今天表现得不错，睡个好觉，明天起来又是新的美好的一天！然后，给孩子一个微笑和拥抱。第二天早上，见到孩子之后还给予微笑，并告诉他：美好的一天开始了，开开心心地去学校等。

当然，这仅仅是举例，不同的孩子、不同的情境，使用的正向暗示语言都可以不同。

同时，这里提到的微笑，是要发自内心的。孩子快乐地过完一天准备安睡了，家长开心看着孩子入睡，第二天孩子起床了，就会开始新的一天。孩子受到微笑的感染，也会变得开心，这也是一种积极正向的暗示。微笑不但会给孩子的心境带来影响，还有助于他们的人际关系，他们的人生也会变得更积极、更快乐。

需要注意的是，上面谈的是固定的实施暗示的计划，不应该只包括每天的例行公事，还要包括其他情形，例如，孩子正向积极的心态和反应出现的时候，应该给予积极的反馈。

同时计划还应该包括行为改变程度的评估和进度的预测。对于预测完成的结果，如果孩子基本达到目标，就要改变强化的频率，在后期积极巩固。

◇ 目标实现的评定

在制定目标之后，最好将目标进行量化。

所谓将目标进行量化，就是把目标转换成可以用数字评估的形式。例如，如果希望孩子改掉爱打架的毛病，在设立具体目标之前，可以先对他现在的状况进行评定：一周打架 16 次。如果将目标设定为在实行矫正之后，5 个月内，他一个月打架的次数减少到 1 次以内，就能够评定出教养的效果了。同时，还应该设定一些小目标，比如，2 个月之后，一周打架的次数减少到 10

次以内，3 个月之后减少到 5 次以内等。最后，对每个时间段是否达到了小目标，行为是否有所改变进行评估。

为了让大家学会量化目标，再举个例子：

大大是个六岁的男孩，父母觉得他的脾气太坏了，只要让他去做一件对他来说很难或需要付出努力的事，他就会暴怒。

在学校，大大的坏脾气也很引人注目。因为他会利用这点，拒绝去做一些老师指派的事情。在家，晚餐后应该去写作业，他却总是一直磨蹭。只有父母对他大吼大叫，他才会去做功课。

爸爸妈妈和老师都曾试着解决这个问题，但情况都很糟，他拒绝去做别人要求的所有事。

对于这个孩子，我们的目标是改掉他的暴躁脾气。首先要做的是，评定他的基线水平。现在，他只要去做一件稍微觉得难的事就会开始发脾气，不想做事也会发脾气。那么，我们就可以设定这样的最终目标：他碰到难事不再发脾气，而是用其他更有效的方法代替。当然，还可以帮助他找到更有效的方法，但这不是重点，重点是目标实现的评定。

设立的阶段目标：

基线是原来每个星期发脾气 15 次，一个月之后，每星期发脾气减少至 10 次以内。

两个月之后，学会代替发脾气的方法，并且发脾气的次数减少至每星期 5 次以内。

三个月之后，掌握更多代替发脾气的方法，并且发脾气的次数减少到每个月 2 次以内。

四个月之后，熟练使用代替发脾气的方法，并且发脾气的次数减少到每个月 1 次以内。

这时候，就可以进行其他行为的矫正了。而这个行为基本已经矫正，只需要后期加以巩固即可。

当然，极少数目标比较难进行量化，比如积极正向的观念，只能靠人为的评定和感觉，这时候，就只能靠经验不断对暗示设定与实施进行调整了。

◇巩固成果并迁移到其他方面

行为及观念塑造和改变的过程固然重要，但改变完成之后，如果不加以巩固，潜意识会接受所有的信息。一旦新的信息强过原本的信息，就可能代替原本的观念和行为，所以后期的巩固是必须进行的。只有巩固之后，才不会轻易被其他不良行为所替代。

为了巩固教养的成果，在行为达到我们的目标或者观念塑造基本达到我们的目标之后，就可以进入巩固阶段了。这时候，可以进行其他行为的矫正。但依然要在生活中继续给予一个暗示，但不需要那么频繁。可以依据需要适当进行减少，尤其是对行为的反馈。

在行为和观念塑造的开始阶段，孩子每次出现了我们希望的行为，都要给予反馈。如此，便可以在最短的时间内成功塑造孩子的行为和观念。

可是，行为和观念一旦塑造成型，每次都给予强化和反馈，反而不利于行为的保持。行为主义心理学和教育学研究都发现，在行为和观念形成之后，变化频率的强化比连续强化更容易巩固行为和观念，也就是随机地给予强化。

例如，如果想让孩子改掉打架的毛病，当其每个月打架的次数少于 1 次之后，就可以减少强化。开始的强化可能是"今天你没有打架，非常好，奖励你玩游戏一个小时"，或者"这个星期你的表现都很好，我们带你去公园玩"。当打架行为出现得越来越少时，就可以随机进行，比如，给孩子一些奖励，或者给予言语上的鼓励。

后期持续的巩固，会对其他行为更有效率的塑造产生正面积极的影响。孩子会在潜意识中知道，只要他按照父母的话做，就会开心地得到他想要的。在行为矫正后，获益的人是他自己。

第五章　教养的技巧

在第四章里，系统地介绍了暗示教养法的具体步骤，相信大家对暗示教养法的原理和实施都已经有了初步的了解。在本章，我们要给大家介绍一些技巧。这些是贯穿整个暗示教养法的技巧，如果能够熟练掌握，不仅可以运用在孩子的行为矫正塑造中，更可以运用到现实生活各个方面的教养过程中。

◆ 榜样的暗示

在家庭的日常生活中，孩子和父母朝夕相处，对父母的依赖性、模仿性最强，父母在孩子的心目中威信最高。孩子认为，父母的一切言谈举止都是最标准、最美好的，对父母的一切言行都有强烈的模仿欲望，比如，父母的走路说话、待人接物、欢乐与痛苦等，孩子都会看在眼里，记在心上，努力模仿，无论好坏都照单全收。

这种影响是在无意识中产生的，其作用也最直接、最深刻、最持久。在工作的时候，笔者接触过这样一个案例：

贝贝是个活泼可爱的小女孩，刚3岁，进入了幼儿园。可是，老师却感到有点头疼。因为在与其他孩子一起玩的时候，贝贝会突然冒出一些脏话，而贝贝自己似乎没有感觉。老师告诉贝贝好几次，不要说这样的话。当时，贝贝答应得好好的，可是过一会儿就忘记了，又开始说脏话。

三四岁的孩子都喜欢互相模仿，学习和模仿能力都很强，可是由于不会分辨是非，经常会作出一些匪夷所思的事情。为了找到解决问题的办法，我们对其进行了深入了解，最后发现，贝贝来自单亲家庭，由爸爸和爷爷奶奶照顾。爸爸是个建筑工人，平常爱好交际，几乎每 2 ~ 3 天都会请一群工友到家里喝酒聊天。因为女儿乖巧可爱，爸爸每次都会让她在旁边一起陪大家玩，逗大家。

可是，爸爸和工友们平常的口头禅都是脏话，其他人不仅会附和，甚至还显得十分开心。即使贝贝在旁边的时候，也无所顾忌。逐渐地，贝贝便学会了这些话。

其实，父亲和工友平时随口说的都是这样的话，可是给贝贝的潜意识灌输的暗示是：说这些话是很平常的，大家都会说，没什么特别，甚至说这些是会被称赞的。所以，虽然平常还算乖巧，在这件事上，不管老师怎么教育，就是改不了。

由于对爸爸及其朋友的行为模仿，贝贝养成了说脏话的坏习惯。榜样对孩子会产生一定的暗示，孩子不仅会模仿榜样的行为，还可能在这种暗示的力量下形成对社会规范的认识。贝贝看到这些叔叔说脏话并没有得到惩罚，反而被大家接受，而且受到大家的赞许，于是便形成了这种对社会规范的错误认识。

由此可见，榜样的行为、所表现出的态度和情感都会对孩子产生暗示作用。

在日常生活中，家长一定要注意自身的言行举止，互相提示，互相交流，努力树立良好形象，给孩子以健康、积极的影响，通过一点一滴的小事给孩子以有益的影响。如父母工作时，要敬业、上进；与人相处时，要热情、大方、真诚；为人处世时，要一视同仁、言行一致等。

子女是父母的一面镜子，在孩子身上，可以折射出父母为人处事的哲学和做人的准则。自私自利的家长很难培养出甘于奉献的孩子，心胸狭窄的父母也难培养出宽宏大量的子女。托尔斯泰曾经说过："全部教育，或者说99%的教育都归结到榜样上，归结到父母自己的端正和完善上。"育人先育己，家长都应牢牢记住这一点。

◇观察学习

心理学家班杜拉认为，人的行为、思想和情感不仅会受到直接经验的影响，更会通过观察进行观察性学习。他认为，一个人的后天习得行为主要来自两种途径：一种是依靠个体的直接实践活动，这是直接经验的学习；另一种是间接经验学习，即通过观察他人行为而学习，这也是人类行为的最主要来源。

通过观察学习，可以有效避免重复尝试错误而带来的危险，避免走前人走过的弯路。例如，语言的习得、社会规范的习得、态度和情感的形成等都是通过观察习得的。

在观察学习中，个体通常都会以旁观者的身份观察别人的行为表现，即使自己没有实际参与活动，也可以获得学习。例如，幼儿看着家长和其他人说话，就会学着发音说话；弟弟看到哥哥弄脏衣服而被妈妈狠狠教训了一顿，就会知道：不能弄脏衣服；当看到其他学生因为上课不遵守纪律被老师罚站时，其他孩子上课的时候就不敢乱说话了；看到电视上在称赞乐于助人的人，孩子就会逐渐具备乐于助人的品格。

儿子过 3 岁生日，晚上盯着蛋糕上的蜡烛说："妈妈，好漂亮哦！"看到蛋糕上用巧克力写着自己的名字，他显得很高兴。半夜 12 点左右，他醒了过来，对妈妈说："妈妈，你生日的时候，我要给你买个蛋糕，把妈妈的名字用巧克力写在蛋糕上，然后帮妈妈点蜡烛，弄得亮晶晶的喔！所以，到时候你要给我钱买蛋糕哦。"

"啥?"妈妈的心里虽然犯嘀咕，可是孩子那份"想为你做点什么"的心，还是让她很感动。希望孩子可以一直拥有这么善良的心。

对于榜样的理解可以是多角度的，例如，身边的人、老师、家长、朋友、新闻媒体、公众人物等。当然，榜样所产生的暗示并不总是像前面提到的"贝贝"的例子那样都是负面的，虽然在生活中难以避免负面的榜样，例如新闻中的暴力现象、打架斗殴等。

◇怎样让孩子学习正面的榜样，避免负面的榜样

在教养孩子的过程中，家长要了解榜样是怎样对孩子发生暗示作用的，什么样的榜样会更容易引起孩子学习和关注，逐渐地将孩子引向学习正面的榜样，而避免负面榜样的影响。

班杜拉通过研究发现，对于榜样的学习，主要包括四个子过程：注意过程、保持过程、动作再现过程和动机过程。

1. 注意过程

每个人的注意力都是有限的，会选择注意自己感兴趣的，或者有独特性的榜样。所以，如果想要用榜样改变孩子的行为，就尽量挑选独特的、会引

起孩子兴趣、引起孩子共鸣的人和事。

有个男孩不喜欢吃蔬菜，妈妈就利用儿子喜欢看动画片，并且迷恋动画片中英雄的特点，给儿子看了《大力水手》这部动画，用儿子的兴趣吸引儿子的注意。然后，用大力水手作为榜样，"吃了菠菜就会变强壮，变成英雄"作为暗示，成功地使孩子爱上了菠菜，然后又逐渐喜欢上了其他的蔬菜。

2. 保持过程

简单来讲，就是孩子看到榜样行为后，对榜样行为和榜样的记忆。有些事情孩子看过就会忘记，可是有些榜样虽然只出现过一两次，但会给孩子留下深刻的印象。

3. 动作再现过程

简单来说就是，提供情景让孩子能够在大脑里再现榜样的行为，这取决于情景和与榜样行为相关的事件。这样做可以让孩子复习榜样的行为，在下次情境中更容易表现出来。

4. 动机过程

有些行为和观念，孩子虽然已经在潜意识中学习了，但并不会统统表现出来，只有在适当的相似的情境下、孩子有足够的动机去做一些事情时，才会表现出来。

（1）外部的强化。

这种动机首先取决于外部的强化。如果学习榜样的行为会导致有价值的结果，不会无奖励或受到惩罚，孩子便会作出这种行为。

（2）替代性强化。

替代性强化指的是，观察者因看到榜样受强化而受到的强化，例如看到榜样受到精神上的奖励或者物质上的奖励等。学习者如果观察到别人的行为受到奖励，就会表现出这种行为；反之，如果观察到他人的行为受到惩罚，就会抑制这种行为表现。

（3）自我强化。

学习者对自己所观察到的行为产生自我评价，也会影响对这个行为的表现。一般来说，人们会倾向于作出感到自我满足的反应，而拒绝作出自己不赞成的行为，因此价值观的塑造对孩子行为的习得和表现也会产生巨大的影响。

总之，为了让孩子接受榜样的正面暗示，防止负面榜样对孩子行为产生影响，家长就要多呈现正面的榜样。同样，对正面榜样的奖励也会促使孩子行为的学习；而对于孩子行为的塑造和矫正，也可以采用榜样进行暗示教养。

5. 注意事项

在引导孩子的过程中，有两点是需要注意的：

首先，对于不同的强化，意识是有选择性的，并且会选择注意我们想要注意的，所以完全可以通过更多的对正面暗示的呈现和正面的强化，促使孩子的选择性注意；或者通过负面的榜样的负强化（惩罚），例如看到电视上出现的偷窃行为新闻，就要强化这种行为的结果是会受到惩罚，比如，被关进监狱，不能再见到爸爸妈妈，不能再玩自己的玩具等。

而对于某些不良行为，则可以采取不关注的形式，不给予任何强化，以防止孩子学习，例如，如果为了引起老师的注意，会做各种奇怪的动作，可采取不理睬的方式，一段时间后，这种行为就会消失；而其他孩子看到这种行为没有任何效果，也就不会学习了。事实证明，在某些情况下，这种不给予任何强化比给予惩罚这种负强化的效果还要好。因为对孩子来说，惩罚可能也是一种关注，孩子通过获得惩罚感受到了被关注，也会强化他的行为。

　　笔者曾经遇到过一个非常骄傲的孩子，上课的时候，他会突然站起来，或者发出奇怪的声音，下课会主动找别人打架。为了防止其他孩子来学习，老师对他的不良行为及时地给予了惩罚。可是，他不但没有改变，还变本加厉，现在上课的时候甚至会自己走出教室。

　　经过了解发现，他是家里的独生子，家庭环境不错，从小就被爸爸妈妈、爷爷奶奶、外公外婆精心呵护着。他很喜欢被人关注，在咨询的过程中，不管笔者是否在跟他说话，他都会想尽办法引起笔者的注意。

　　于是，对于他的行为矫正，最好的方式就是不给予任何关注和强化。

　　其次，虽然意识会选择学习的榜样，可是我们的潜意识还是时刻在工作着，接受着所有的暗示，所以在生活中要尽量避免负面的暗示，尽量不要让孩子看暴力或不良行为的电影、卡通片，才能尽量避免他们潜意识的学习。

◆ 言 语 的 暗 示

　　言语作为暗示实施的主要方法之一，有时也是我们奖励或者惩罚的方法。对孩子实施暗示本来就要通过言语进行，日常生活中，一般的语言对话也会对孩子产生巨大的影响。

◇一句话的后果

　　为了了解一句话的后果，先来看下面两个小故事：

　　故事一："再不听话，就把你丢掉！"

　　在妈妈眼中，婷婷非常难管教，什么都跟妈妈对着干：妈妈让她往东走，

她偏要往西；妈妈让她吃饭她偏偏就不吃，宁愿饿着。

我们了解后发现，其实婷婷小时候还是很乖的，妈妈让她自己吃饭，她就自己吃饭；出门让她自己走路，她也会开心地拉着妈妈的手自己走。

然而有时候，只要婷婷不听话，妈妈就会用"再不听话，就把你丢掉"的玩笑吓唬她，开始很有效，但逐渐地她变得越来越不听话了。妈妈说这句玩笑的频率也越来越高，可是效力却越来越低。而现在发现，只要妈妈说完这句话，婷婷就会开始哭，并且变本加厉地不愿意按照妈妈的要求做。

其实，说"再不听话，就把你丢掉"，妈妈虽然并不是认真的，可是孩子的辨别能力较弱，一直给她施加这种言语暗示，在潜意识中可能就会形成"妈妈不爱我，会因为一些小事就把我丢掉"的认知。

生活在极度没有安全感的空间里，孩子会觉得寂寞、无助。心理学家马斯洛认为，安全需要是人的基本需要之一，如果孩子缺乏安全感，就会出现各种心理问题和行为问题。而对于这个案例更严重的结果是，孩子长大后不知道该怎样去爱别人。

故事二："天呐，你看起来……"

星期一早上，你走出家门，像往常一样，去教室或公司。在你走进学校或公司的时候，突然看到一个朋友。朋友是个很真诚的人，很值得信任。朋友看着你说："你看起来真精神！"这时候，你会有什么感觉？会觉得自己很精神，走路会更得意。

当走进教室或者办公室时，另一个朋友看到你也说："你看起来真精神！"这时，你会有什么感觉？更精神了！循环往复，这一天就会越过越好。

当然还会出现另一种状况：

星期四早上，你去学校或公司，突然一个自己信任和重视的朋友跟你说：

"天啊，你怎么了？"你本来没事，甚至状况和星期一早上一样，但现在有事了。当走进教室或办公室，有人看到你说："天啊！"你会有什么感觉？你会觉得更糟了！刚坐下，就发现又有人看着你。你完全震惊了，感觉如同跌到了谷底，恶性循环，情况也会越来越糟。

由此可见，有时候别人一句话会使我们开心一天甚至一周，有时候别人的一句话会使我们难过一天。而对于孩子的行为和观念的塑造，也许只用一句话就会毁掉我们前面的努力，而要重新开始。所以，除了实施的教养计划和矫正计划之外，日常生活中对孩子也要尽量使用正面的词语，例如，"这样做很好"，"你做得不错，只是……"

在和孩子沟通的时候，家长一定要注意词语的运用，有些话是不能对孩子说的，比如：

（1）"快起来！今天上课要好好听讲啊！"

说明：不要和孩子在早上谈话，尤其是当他还没睡醒时。孩子一般都喜欢晚上交流，因为他们的生物钟比成人后延。

（2）"看着我的眼睛。"

说明：不要直视孩子的眼睛，用"并肩坐着"取代"面对面"，孩子比较容易打开心扉。

（3）"今天下午不许去踢毽子了，我们需要谈谈。"

说明：不要占用整块的娱乐时间和孩子谈心，可以利用与孩子一起打球、看戏或者吃饭的时间交流一下。

（4）"你摔谁呢！"

说明：不要禁止孩子的咆哮、摔门、哭泣等表现，要让他们发泄。要知道，人是需要发泄的，孩子同样如此。

（5）"你今天在学校怎么样？"

说明：不要提过于笼统的问题，应以正面的态度问特定、具体的问题。比如："老师是如何评价你们这次考试的？"

（6）"你这么想完全错误，应该……"

说明：不要打断孩子的话，就开始说自己的想法。孩子需要时间去整理思绪，不会一次就将自己的想法表达清楚。

（7）"别总是乱花钱！"

说明：不要老把话题集中在琐事上，要多谈些更能引起他们兴趣的话题，如动画片、体育比赛等。

（8）"下次理发时，鬓角剪得短点。"

说明：不要总是给他提供不需要的建议，应对他们的想法表示肯定。

（9）"你会干什么？我像你这么大时早工作了！"

说明：不要拿孩子与自己当年进行比较。否则，时间长了，孩子会拒绝与你沟通。

（10）"你还不减肥，胖得脑子里只剩油了吧？"

说明：千万不要用困扰孩子的事情开玩笑。记住，青少年敏感，容易受伤害。

（11）"你为什么总干傻事？"

说明：不要在孩子作出某些行为后，问这样的话。可以问："做这件事对你有什么意义吗？"

（12）"不是我唠叨，是你没明白！"

说明：不要对某些事情反反复复地唠叨，只要给他们提出自己的建议即可。

当然，这并不是说完全不能使用惩罚性的词语和态度，当孩子的不良行为非常严重时，立刻使用惩罚也会减少这种行为发生的概率。但是，最好不要时时刻刻都采用惩罚，应该坚持这样一条原则：鼓励为主，惩罚为辅。

◇赞美的艺术

暗示教养中强调语言的使用，强调怎样使用语言才能更有效地沟通，当然更强调赞美、称赞这种正面语言的使用。在亲子教育中，赞美是一种对孩子行为的强化物，扮演着至关重要的角色。有时候，在付出一番努力之后，一句称赞胜过千言万语。

在笔者第一次走上讲台的时候，心里十分紧张，害怕自己表达不清楚，学生听不懂。下第一节课后，一位学员过来与笔者讨论。之后，他说："蔡老师，您是我见过的最负责的老师。"

不管他的安慰是否发自内心，但却对笔者产生了很大影响。从那时起，在笔者的内心深处便生出了一个信念——要让上课的学生都学会催眠，弄清楚每一个知识点，因为笔者是一个负责的老师。很快，笔者的紧张感便随之消失了。

不可否认，很多人都相信，赞美确实可以使孩子建立信心并且产生安全感。可是，事实是，赞美还会让孩子出现情绪紧张与行为不良：

第一，没有了解孩子的真实需求。

有时家长并不了解事实，赞美与孩子的实际行为不符合；有时孩子觉得自己并没有做得那么好，难以接受这种赞美。然后，为了向大家展示真实的自我，就会出现不良行为。

如果孩子经常被大家称赞勤奋好学，可是他自己并不觉得，他觉得自己的行为都是应该的；只是父母给予的称赞过分了，于是他就会在父母面前故意表现得不爱学习，不听从父母的话。

第二，维护孩子自己的形象。

如果孩子因为成绩好被大家称赞，就会慢慢变得不愿意接受功课上的挑战。因为，他想守住自己成绩好的形象，接受挑战可能会失败。相比之下，如果成绩好是因为努力而被赞扬，孩子就很少会出现这种现象，甚至更有毅力克服学习上的困难。

第三，赞美应该针对付出的努力。

一个朋友曾经讲过发生在自己身上的一个故事：

女儿今年高中二年级，再过 2 个月就升高三了。父母对女儿的学习都非常关心，对女儿的教养当然也不敢怠慢。看到女儿明年要参加高考，他们更是费尽心思，经常会参加一些"怎样应对高三孩子心理压力讲座"、"优秀孩子的培养"、"优质父母培训班"之类的课程，学会了一些基本的对待孩子的方法，例如，平等地对待孩子、尊重孩子、称赞孩子、不要给孩子施加压力等，也充分运用到生活中。

爸妈对女儿的行为和思想经常进行口头赞扬，例如，只要女儿主动去做作业就对孩子说："真是乖女儿。"女儿出去玩，就说："知道适当的放松，真是聪明！"

有一天，女儿拿回了单元考卷，满分 100 分，孩子考了 90 分。妈妈看了之后，想都没想就大加赞扬："我们的女儿真聪明，考得这么好！"没想到女儿听完这句话，突然发怒起来，撕了考卷，跑进房间，爸妈则一头雾水。

其实，这对父母对女儿的赞美是有问题的：首先，不分情况，不切实际，做作业本来就是孩子应尽的职责，不需要赞美；对于考试，班上大部分人都考了95分，她的分数算低的；其次，赞美应该针对付出的努力，而不是针对结果、个性或品行，比如，很乖、很聪明。

当孩子把院子打扫干净时，只要自然地对她说，她做得多么卖力，以及院子的景观看起来变得多么清爽即可。如果称赞她是个乖巧的女孩，就非常不合时宜也不适当。赞美时所用的言词应该反映孩子付出努力所达到的实际成果，不能借此扭曲他的个人品性。

那么，良性的赞美是怎样的？

八岁的乐乐卖力地打扫庭院，不仅扫除了地上的落叶、收拾垃圾，还把工具重新排列整齐。妈妈看到，很开心，就对乐乐表示感激，感谢她费心费力而且完成工作。

妈妈：我们家的院子这么脏，我真不敢相信你能在一天之内打扫干净。

乐乐：我就是办得到！

妈妈：之前，院子到处都是落叶、垃圾和杂七杂八的东西。

乐乐：我把它们都打理得干干净净。

妈妈：你费了好大的力气。

乐乐：是啊，我当然很卖力啦！

妈妈：我们家的院子现在很干净，看起来神清气爽。

乐乐：没错。

妈妈：看到你的笑容，我也为你感到高兴，宝贝，谢谢你了。

乐乐（张口大笑）：别客气！

妈妈的话语使乐乐觉得，付出劳力是愉快的，而且完成工作是光荣的。傍晚，为了向爸爸展示整理后的庭院，再次感受用心完成工作后内心所感到的那份光荣，乐乐急切地等候爸爸回家。

相比之下，下面针对儿童个性所说出的赞美就是徒劳无功的："我女儿棒极了!""你真是妈妈的小帮手。妈妈没有你的帮忙就做不了事。"这种言语可能会引起孩子的焦虑。如果孩子觉得自己离乖巧甚远，自身能力达不到这个标准，在还没有被看穿之前，很可能会通过闯祸来卸下心头的负担。

直接赞美品性犹如直接照射阳光，不仅会使人头昏眼花不舒服，还可能导致失明，何况宣称别人"棒极了"、"小天使"、"慷慨大方"。谦虚有礼会使当事人觉得尴尬，他会觉得自己需要挺身而出，或至少否定一部分赞美。因此，他一定要拒绝这种赞美，因为他无法诚实地告诉自己：我棒极了。我是善良、坚强、大方与谦虚的。

记住，对于赞美除了要真诚，更不要针对个性和品质，应该针对孩子所付出的努力、针对事实进行赞美。

◆孩子自我正面期望的暗示

当对孩子拥有正向积极的期望时，孩子在潜意识中就会愿意朝着我们期望的方向发展，在众多研究和实验中也证明了这一点。这里所要强调的是，对孩子积极的期望必须贯穿整个教养过程。只有家长拥有这种积极的期望，才能使孩子朝着正向发展。

只有孩子相信自己是能够改变的，自己是能够变得更好的，改变才会开始发生。关于这一点，有两个著名的效应：

1. 安慰剂效应

又称为假药效应，指的是病人获得的治疗虽然是无效的，但却"预料"

或"相信"治疗有效，因此病患症状会得到舒缓。

1955 年，Henry K. Beecher 博士提出了这一效应，也被人们理解为"非特定效应"（Non - Specific Effects）或受试者期望效应。实验是这样的：

博士找来一些背痛患者，疼痛的严重程度和年龄性别都均衡，将他们分为三组：第一组，给了他们一些真正的止疼药；第二组，给他们一些维生素之类的与止疼完全无关的药片，医生和病人都不知道这些药片是无效的；第三组什么都不给。

服药一段时间之后，第二组有 25% 的患者声称他们的背痛减轻了。更令人惊奇的是，这些疼痛的舒缓，不是靠病人报称，而是进一步利用客观医学的方法进行检测得到的。而这个疼痛改善的现象在第三组身上并没有出现。

最近的研究亦发现，模拟手术也会出现类似的病症改善的现象。这种本身并不具有生理疗效的药片和手术就被称为"安慰剂"。

其实，安慰剂的效力就是病人自己的期望，"吃了药就会减轻疼痛"这种暗示，使得病痛减轻了。这种减轻是真实的、可以测量的，其实仅仅是心理上的一种感觉。由此可以解释，为什么有些被认为是九死一生的癌症患者，没有经过特殊的治疗，几年后却康复了。这些痊愈的患者都有一个共同的特点：乐观的心态，相信只要接受治疗就能够痊愈。

2. 反安慰剂效应

反安慰剂效应指的是，病人不相信治疗有效，可能会令病情恶化。

反安慰剂效应，可以使用检测安慰剂效应相同的方法检测出来。例如，一组服用无效药物的对照群组，会出现病情恶化的现象。

在这个过程中，接受药物的人士对于药物的效力抱有负面态度，抵消了安慰剂效应，出现了反安慰剂效应。这个效应并不是由所服用的药物引起的，而是基于病人心理上对康复的期望。由此也可以解释这样一个问题：病症、程度相当的人，接受同样的治疗，为什么有的人治疗效果好，有的人完全无效，甚至更恶化。很大一部分原因就在于，病人是否相信这个医生，是否相信治疗会有效。

自己本身的期望对自己心理身体的影响，在孩子身上也是适用的，对于孩子的发展也至关重要。如果希望孩子未来获得成功，就要做到下面几点：

1. 要建立孩子对家长的信任

只有让孩子相信家长是为他好，相信家长是爱他的，他们才能够接受家长的暗示，对自己产生期望。如何来确立家长对孩子的信任呢？可以通过平常的行为，例如，不要让孩子知道自己说谎、对孩子应该真诚、对孩子守信用等。

孩子刚出生的时候，要对他们的需求及时关注，关爱他们，例如，孩子饿了及时给他们吃东西，想玩了陪他们玩等，这样就会形成他们对家长的信任。

如果婴儿时期没有给予他们足够的关爱，孩子就可能对家长信任不足，如果想重新建立与孩子的信任关系，家长就要花费更多的心力了。

2. 对孩子有信心

要建立"孩子相信自己会向好的方向发展"的信心，可以通过自己的榜样力量、言语的鼓励、行为的强化等进行。

每个人天生都会完善、发展自己，如果孩子相信自己是能够发展的，就更有助于这种本能的发挥。比如，孩子帮助爸爸妈妈做事，给予他言语的鼓励；孩子通过自己的努力学会骑自行车，也应该给予鼓励，让他们发现自己的力量。

3. 激发孩子对自己的期望

在行为矫正和塑造的过程中，要激发孩子对自己的期望，例如，如果男孩不愿意单独睡觉，可以暗示他"自己睡觉就可以成为一个真正的男子汉"，使其产生期望。

第三部分

实务与应用

第六章　与孩子发生冲突 VS
不知不觉中使孩子发生改变

在熟悉了暗示教养法的操作步骤、核心理念之后，现在就来更详细地说明，如何运用这些理念处理孩子常见的问题。本章主要是以常见孩子问题的解决作为主轴，完整地介绍教养的故事，使得读者更容易学习理解并运用。

暗示教养法可以帮助孩子养成良好的习惯，处理孩子的各种疑难杂症，包括坏习惯、学习困难、个性问题等。此外，对于严重的心理行为问题，例如，多动症、恐惧症等，配合我们的暗示教养法，也可以得到有效治疗，巩固治疗之后的效果。

下面的大部分案例都是笔者和笔者的学生亲自所做的，这些孩子有的是我们在日常生活中看到的，有的是亲戚朋友的，有些是我们在工作中遇到的，为了保护隐私，文中孩子的名字都不是真名。

◆怎样让孩子养成好习惯

当一种行为模式深深印刻在潜意识中，不需要费力就可以做时，就会成为我们的习惯。

例如，有的人习惯在饭后散步一个小时。开始的时候，要养成这个习惯，是需要一定毅力和决心的，但当养成了这个习惯后，就会成为一种自然而然的事。

再如，起床或出门的时候，我们都会穿上或换上出门的衣服，不会有人光着身子出门，这就是一个人的习惯。

也可以留心一下，每次走路，先迈出哪只脚？这时候会发现，每次都不用经过思考，先迈出同一只脚，这就是习惯。

那么，怎样轻松地帮助孩子养成好习惯呢？总的来说，要经历这样几个步骤：

（1）明确目标：找到我们想要塑造的最重要的行为或观念。

（2）找到基线：现在孩子的行为或观念是怎样的。

（3）找到目标实现的各种可能性，然后将问题转换为生活中各个方面的暗示。

（4）订立计划。

（5）实施计划，评定目标的达成程度，修改计划。

（6）巩固成果。

为了给大家更直观的说明，就要举一些常见的例子。

◇ 早睡早起

古语说得好："一年之计在于春，一天之计在于晨。"让孩子养成早睡早起的习惯，不仅会让他们的学习能力和学习成绩得到提升，人际关系也会变得非常融洽。

学校通常都是早上 8 点上课，而人类的大脑要完全运作起来，据说要在起床的两个小时之后。也就是说，早上 5：30 或 6 点起床的孩子，上课时大脑就会全部运作起来。因此，他们从上第一节课起，就能充分集中自己的注意力；休息时间也能够尽情玩乐，与同学们也能够积极地互动起来。

而晚睡晚起的孩子，即使到了 8 点钟，大脑也无法完全运作起来。总是感觉昏昏沉沉的，无论学习还是玩耍，都无法集中注意力。晚睡晚起再加上较少的睡眠，会让整个生活规律失调。大清早，这些孩子就会感觉疲倦，面无表情，老师说的话听不进去，无法集中注意力去思考学习问题。

这种情形若换作是大人，多少能够凭借意志力去克服，而孩子却做不到。长此以往，孩子的学习成绩自然会直线下降。如果这种状态一直持续 6 年或者 9 年，所导致的影响更是无法挽回的，孩子的学习能力和综合素质都会与其他人产生巨大的落差。

为了让孩子以饱满的精神迎接早上 8 点钟开始的学习，最晚也要让他在清晨 6 点钟起床。因此，一定要考虑好前一天的睡觉时间。

明明 6 岁了，该上小学了，爸爸妈妈希望他能养成早睡早起的好习惯。现在，都是早上妈妈叫了好几次才愿意起床，晚上也是要妈妈催促才肯睡觉。

如何才能让他养成早睡早起的好习惯呢？

第一步，明确目标。

总的目标是形成早睡早起的习惯。将目标量化——妈妈希望，晚上明明 9 点主动去睡觉，早上 6 点起床。

第二步，找到基线。

也就是现在是几点睡觉、几点起床。晚上，妈妈一般在 9 点半开始让明明去睡觉，这时候明明会与妈妈讨价还价，最终到 10 点之后、10 点半之前睡觉。幼儿园 8 点开始上课，妈妈通常 6 点半会开始叫他起床，他一般会赖到 7 点多才起来，经常迟到。基线水平就是：现在是晚上 10 点半睡觉，早上 7 点半起床。

第三步，将问题转换为生活中各方面的暗示。

了解孩子的习惯、性格、兴趣爱好，找到目标实现的各种可能性，然后将问题转换为生活中各个方面的暗示。

明明之所以不愿意睡，首先是觉得不困，其次是想多和爸爸妈妈玩一会儿。因此，在和家长及明明讨论之后，我们提出了这样几点建议：①增加他每天的脑力和体力活动时间，由于活动较少他到晚上 9 点还不困；②他最喜欢和爸爸妈妈玩，以爸爸妈妈和他玩作为奖励强化他的行为；③他很听老师的话。在开始的时候就可以转换成这样的正向暗示：小朋友们都是早睡早起的，老师也经常说早睡早起的孩子是值得表扬的。

当明明接受早睡早起的观念后，就可以开始对他的行为进行逐步矫正了。比如："如果今天晚上，妈妈叫你去睡觉，你就乖乖去睡，明天晚上爸爸和妈妈都会早点回来跟你多玩一会儿。"

逐渐改变之后，正向的暗示就可以改变成："如果今天晚上，妈妈叫你去睡觉，你就乖乖去睡，那你会睡得很好，明天早上会开心地起床，一整天都表现得很好，而晚上爸爸妈妈也会很开心见到这样的你回家。"

如果此方法有效，就可以再进一步改变暗示："如果今天晚上 9 点你自己就去睡觉，明天就可以自己起床，爸爸妈妈会更疼爱。"

当他养成了晚上 9 点睡觉的习惯后，一般早上睡够了就会按时起床；可是，如果早上还是赖床，可以再加一个早上按时起床的暗示。

第四步，订立计划。

为了保证行为塑造的效果，必须订立计划。计划的内容包括：基线水平、总的目标、实现的方法、分解的小目标、怎样实施、实施期间效果的评估、实施之后的效果评估、达到目标之后后期的巩固等。

对于明明早睡早起，可以说是同一件事，也可以说是两件事。有的孩子早睡，就可以早起，因为睡眠时间够了；有的孩子则不然，可是，要想形成良好的行为，最好一次只订立一个目标。所以，我们为孩子设定的目标是——先养成晚上自觉早睡的习惯。

计划

◇目标：养成晚上 9 点自觉睡觉的习惯。

◇基线：现在是晚上 10 点半睡觉。

◇孩子的行为：每天增加一个小时户外运动时间。

◇暗示的实施过程：

第一阶段

主要行动：接受早睡早起的观念。

第一周的暗示：其他小朋友都是早睡早起的，爸爸妈妈和老师也是早睡早起的。

第二周的暗示：老师和家长都觉得早睡早起的孩子是值得表扬的。

过程：让他观察父母的早睡早起之后精神状态的改变。让他去发现，其他小朋友的作息时间都是早睡早起。让老师有意地去表扬早睡早起的行为。

第一阶段的目标：孩子觉得早睡早起才是正常的生活。

第二阶段

主要行动：行为矫正＋暗示。

第三周的暗示：如果今天晚上，妈妈叫你去睡觉，你就乖乖地去睡觉，那明天晚上爸爸和妈妈都会早点回来和你多玩一会儿。

第三周的目标：妈妈叫他去睡觉就乖乖去睡觉。

过程：当他出现乖乖去睡觉的行为时，立即给予语言和身体的鼓励，例如，很好，明天晚上爸爸妈妈一定早些回来、陪你多玩一会儿。还可以加上拥抱、摸摸头、亲吻之类的动作。第二天，要兑现诺言。

第三阶段

第四周的暗示1：如果今天晚上，妈妈叫你去睡觉，你就乖乖去，那你会睡得很好，明天早上会开心的起床，一整天都表现得很好，而晚上爸爸妈妈会很开心见到这样的你回家。

暗示2：如果你连续一个星期都听妈妈话，晚上9点睡觉，周末爸爸妈妈就带你出去玩。

第四周的目标：开始主动听话去睡觉。

过程：他开始主动听话去睡觉的行为一出现，就要立即给予真诚的奖励作为强化。之后，每次出现这种行为，都要给予一定的精神或者言语奖励。连续一周做到，周末带他出去玩。

第四阶段

第五周和第六周的暗示1：如果今天晚上9点你自己去睡觉，明天就可以自己起床，这样的你就和其他小朋友一样，都会被老师表扬。

暗示2：如果你连续1周都9点主动去睡觉，爸爸妈妈就会更喜欢你。

而这样的你，也能掌握自己的生活了，可以决定满足自己的一个愿望。

这两周的目标：9 点主动去睡觉。

过程：每次出现主动听话去睡觉的行为，都给予强化。强化的频率可以不用每天，可以隔天或者隔两天，但一定要给予强化。同时，态度上也要表现出欣赏和喜悦。

第五阶段

主要行动：巩固成果，开始培养或矫正其他行为。

这个阶段主要是巩固成果，不需要每天施加暗示，在生活中还可以适当暗示，例如可以在某些时候表扬孩子晚上都自觉主动睡觉，早上夸奖他很有精神，很帅气，觉得老师越来越喜欢他。

第五步，实施计划，评定目标的达成程度，修改计划。

按照计划实施暗示和行为，评定每个小目标的完成程度。如果按照计划完成，就进行下一步；如果没有完成，可以继续保持一个星期；如果依然没有改善，就要改变暗示，重新修改计划，最终要达到总的目标。

第六步，巩固成果。

达到计划的目标之后，就要逐渐减少强化的频率，将频率调成不定期的强化。同时可以开始其他行为的塑造和矫正。

◇锻炼身体

提到锻炼身体，很多人会想到强健的体魄、激烈的运动。多锻炼身体，对孩子的发育有着很好的促进作用。可是，有的父母觉得体育锻炼不像学习其他课程一样有必要，往往会忽视孩子日常身体的活动，这是错误的。

体育以它丰富多彩的活动内容吸引着孩子，通过丰富多彩的体育活动可以使孩子在充满欢乐、不断克服困难取得成功的过程中，培养乐观向上、勇敢、自信、有自制力的优良品质。积极参加体育锻炼，对孩子的身心发育、个性形成、自信心的培养都起着不可替代的作用。

体育活动为孩子提供了战胜困难、大胆尝试和冒险的机会，可以让孩子养成乐于探索、敢于大胆尝试的态度与精神。这正是在体育中能够学到的"非常特别的东西"，而这种"特别的东西"正是能够适应未来发展的人才所需要的基本素质。

媛媛是个乖巧的女孩，成绩好，性格好，就是身体不好，平常也不愿意动，经常生病，抵抗力差。她喜欢坐着看书，喜欢学习，即使生病了也要支撑着去学校学习。她的愿望是将来成为一名老师。父母对她的身体很担心，希望她能养成锻炼的好习惯，这样身体就会好些。

如何才能让孩子喜欢上体育运动呢？

第一步，明确目标。

总的目标是提高锻炼的兴趣。将目标量化，养成每天慢跑半小时，每周课外运动总的运动时间不少于 7 个小时。

第二步，找到基线。

也就是运动的时间，只有一周的 2 次体育课，90 分钟，课外运动时间为 0。

第三步，将问题转换为生活中各方面的暗示。

了解孩子的习惯、性格、兴趣爱好，找到目标实现的各种可能性，然后将问题转换为生活中各个方面的暗示。

媛媛个性安静，喜欢学习和看书，愿望是成为一名老师。我们就以她的愿望作为总的引导，让她多了解老师的生活。例如，老师要花费大量时间备课，上课要一直站着，课后要批改作业，要为每个孩子负责，要具有良好的身体素质。如果长大后想成为老师，就应该先锻炼好身体。其次，要想成为一名优秀的老师，成绩也是重要的，如果经常生病，就会落下很多内容，要花费更多时间补上。所以，想要成为一名老师就必须锻炼身体，拥有健康的体格。

第四步，订立计划。

计划

◇目标：每周自觉地进行运动，总的课外运动时间不少于7小时。

◇基线：现在课外运动时间为0。

◇暗示的实施过程：

第一阶段

主要行动：主动接受观念。

第一周的暗示：帮助孩子寻找成为老师和优秀老师的资料，让其了解成为一个老师所需要的素质，包括成绩和身体素质。

第一周的目标：改变对锻炼身体的看法。

过程：

她喜欢学习，喜欢静静看书，喜欢当老师，可以鼓励她多看关于老师的资料，然后可以跟她讨论看了这些书和资料之后的感想。当她出现我们想要的观念时，就给予肯定。

下面是她和妈妈的对话，暗示也包含在其中：

妈妈：知道你想要做老师，我为你找了很多资料，希望对你的理想有帮助。

媛媛：是的，妈妈，谢谢您，确实很有帮助，我都看完了。

妈妈：是吗？有什么想法，可以跟妈妈说说吗？

媛媛：当然可以，我今天才知道，原来做老师不是成绩好就行了。

妈妈：哦？是吗？那还需要什么？（对她的发现表示赞扬，但同时又要让她自己说出来）

媛媛：我现在才注意到，原来老师一节课站45分钟是很累的，有时这个班上完，要马上去下一个班级，还要不停地说话、讲解，下课之后还要想学生的问题，改作业，很辛苦。

妈妈：那你还想做老师吗？

媛媛：想！这是我的理想！

妈妈：很好啊，你的这种坚持不懈的个性，我很赞赏，有你这样的女儿，我感到很开心，真的！这份职业这么辛苦，你的身体又不好，能站这么久吗？能支持下来吗？（一方面表示赞赏作为强化她的信念，另一方面引出她的问题）

媛媛：是啊，我也担心，我觉得我的身体应该好一点，可为什么我的身体那么差呢？

妈妈：你这么聪明，应该自己查到怎样让身体变好的方法了吧？

媛媛：是的，多运动，多吃蔬菜、水果、鱼肉和鸡蛋。

妈妈：那好吧，你需要我的帮助吗？

媛媛：是的，妈妈。

媛媛是个非常聪明而坚强的孩子，在了解了关于老师的资料之后，她的心态已经开始改变，家长只需要稍加引导，就可以改变她对锻炼身体的看法。在她改变看法愿意作出改变之后，妈妈就和她一起商定了运动计划——从今天开始，每天饭后都要散步半个小时，周末要去打球或者跑步一个小时。一个月后将运动量提高为晚饭后 2 个小时，要去慢跑半个小时，周末每天都要运动 2 个小时。

第二阶段

主要行动：行为矫正＋暗示。

一个月的暗示 1：今天晚上饭后去散步半个小时，你会觉得更有精神完成作业，晚上睡得也会更好。

暗示 2：昨晚运动之后，你今天感觉非常好，更有动力去学校学习了。

暗示 3：如果你连续两个星期都做到了每天饭后散步半个小时，每周末运动一个小时，会觉得你的身体变得比以前好多了。

这个月的目标：坚持每天去散步，周末运动一个小时。

过程：每天晚上提醒她去散步，并暗示她：这样回来之后她会感觉精力充沛。在她完成散步和学习之后，可以鼓励她：她看起来做得更好了，更有效率了。

第二天，起床也可以告诉她，昨晚的半小时运动，让她今天看起来精神比昨天好了。

每天都这么告诉她，在她坚持两周之后，称赞她：你好像变强壮了，身体变好了，更有精神了！让家里所有人都这么说。

一个月之后，继续给予其他鼓励：这个月病得很少，看起来更健康了，更有精力学习，学习效率高了，学习成绩也更好了！需要注意的是，鼓励和称赞都要真诚，不能过分夸大，不能脱离实际。

第三阶段

再一个月的暗示 1：继续坚持锻炼，身体会越来越好，睡眠也会越来越好，第二天也会精神百倍，上课更能集中注意力，学习成绩也会越来越好，这样距离你的梦想就更近了。

暗示2：如果你能提高运动量，将散步变为跑步，将周末的运动时间从1个小时变成2个小时，会更快地让身体变得更好。而对你来说，这些运动量没什么。

这个月的目标：每晚跑步半个小时，周末运动两个小时以上。

过程：类似第二阶段的鼓励，频率可以降低。

第四阶段

巩固成果，开始培养或矫正其他行为。

这个阶段主要是巩固成果，不需要每天施加暗示，在生活中依然可以适当暗示，例如，可以经常和孩子讨论运动之后的感受，现在的身体感受，对她的积极态度作出正面反馈。

第五步：实施计划，评定目标的达成程度，修改计划。

按照计划实施暗示和行为，评定每个小目标的完成程度。如果按照计划完成了，就进行下一步；没有完成，就要考虑和孩子讨论降低运动强度，重新修改计划。最终，要达到总目标。

第六步：巩固成果。

达到计划的目标之后，就可以逐渐减少强化的频率，将频率调成不定期的强化。同时，可以开始其他行为的塑造和矫正。

◇成为有礼貌的孩子

礼貌是一种柔韧的智慧，这种平和与内敛表达着对别人的尊重，不会激起对方的反感。

　　遗憾的是，礼貌经常被人们视为小节而忽视。我们必须让孩子养成讲礼貌的好习惯，要从小节做起，融入孩子的日常行为中。

　　一个懂礼貌的人肯定会受到周围人的接受和认可，不管他是成人还是孩子。心理学家认为，礼貌归根到底是习惯的问题。因此，一个不懂礼貌的孩子很可能会成长为一个不懂礼貌的大人，而不懂礼貌会使他在社会竞争中处于劣势。所以，要想使孩子成长为有所作为的人，父母就应教孩子从小讲文明、懂礼貌。

　　凡凡虽然才5岁，没有什么让妈妈不满意的地方，就是有些害羞，妈妈希望他能成为有礼貌的孩子。学会说谢谢，学会看到人就打招呼说您好，对于做错事会说对不起。

　　如何才能让孩子变得有礼貌呢？

　　第一步，明确目标。

　　总的目标是学会正确地使用基本的礼貌用语。常见的礼貌用语有：谢谢、请坐、请进、不用谢、您好、对不起、再见、没关系。

　　第二步，找到基线。

　　现在，凡凡只有在妈妈提醒的时候才会跟着说，自己从不会主动去说。

　　第三步，将问题转换为生活中各方面的暗示。

　　了解孩子的习惯、性格、兴趣爱好，找到目标实现的各种可能性。然后，将问题转换为生活中各个方面的暗示。凡凡只有5岁，对"礼貌"这个概念还不能理解，可以采用言语和榜样相结合的暗示方法。为了练习，我们还购买了一些故事卡片，在与孩子玩游戏中进行学习和暗示。

　　第四步，订立计划。

计划

◇目标：学会正确使用谢谢、请坐、请进、不用谢、您好、对不起、再见、没关系等礼貌用语。

◇基线：完全不会主动使用。

◇选择榜样：凡凡爱看卡通，家长花费很多时间去寻找孩子礼貌教学的卡通。另外，还买了一些动画卡片。

◇暗示的实施过程：

第一阶段

主要行动：接受观念。

第一周的暗示：给孩子看新买的卡通，并对卡通里的礼貌行为表示赞赏。

第一周的目标：孩子喜欢上这个卡通，并开始模仿卡通人物。

过程：可以与孩子一起看卡通，然后与孩子玩角色扮演，模仿卡通人物。

第二阶段

主要行动：接受观念＋学习礼貌用语。

第二周的暗示1：对卡通里特定的行为进行称赞，对孩子生活中模仿卡通人物的礼貌行为表示赞赏。

游戏的暗示2：与孩子一起看卡片，与孩子一起给卡片编故事，或者玩问答游戏。对孩子的礼貌反应给予物质奖励，比如猜错了就罚学动物叫声，猜对了可以吃两颗糖。

第二周的目标：学会不同情境使用不同的礼貌用语。

过程：在模仿游戏中，对孩子的礼貌用语进行鼓励；在卡片游戏中，可以与孩子进行猜卡片说什么的游戏，例如卡片上是一个男孩牵着一位老奶奶过马路，让孩子猜男孩与老奶奶分别说什么，然后看卡片后面的答案。当然，也可以父母猜。父母偶尔也可以故意猜错，让孩子纠正，建立孩子的信心。

第三阶段

主要行动：行为塑造。

第三周和第四周的暗示1：在生活中父母以身作则，所有行为都尽量伴随礼貌用语。

暗示2：经常回顾卡片游戏，并引发孩子说礼貌用语。

这两周的目标：在生活中，学会正确使用礼貌用语。

过程：首先，父母应该以身作则，一方面可以巩固教养的效果，另一方面孩子也可以继续学习。一旦营造出礼貌的环境，孩子自然就会跟随父母采用这些词语。

其次，要经常提问孩子，某些情境该说什么，例如：

"凡凡，你能不能帮妈妈拿一杯水过来？"

"好的。"

"谢谢凡凡，可是凡凡还记得我们的游戏卡片吗？这时候凡凡该说什么？"

"凡凡该说，妈妈请喝水。"

"还有呢？"

"妈妈不客气。"

"真好，凡凡越来越有礼貌了，像个大人了。"

不止是在家里，在外面也要对孩子进行引导，并且及时给予反馈和鼓励。

第四阶段

巩固成果，开始培养或矫正其他行为。

这个阶段主要是巩固成果，不需要每天施加暗示。可是，榜样还要继续存在，并适度对他的礼貌行为进行强化。

第五步，实施计划，评定目标的达成程度，修改计划。

按照计划实施暗示和行为，评定每个小目标的完成程度。如果按照计划完成，就进行下一步；没有完成，可以继续保持一个星期；如果依然没有改善，就要考虑换其他他更喜欢的卡通卡片或者其他暗示，重新修改计划。最终，要达到总的目标。

第六步，巩固成果。

达到计划的目标之后，就可以逐渐减少强化的频率，将频率调成不定期的强化。同时，可以开始其他行为的塑造和矫正。

◇乐于助人

人的本质是爱的相互存在，人的生活是与他人的相互交往构成的。乐于助人的人定然善于理解他人的处境、他人的情感和需要，会随时去支持别人、关心帮助别人。培养孩子从小乐于帮助他人的美德，对孩子今后具有高尚的情操、健全的人格有不可估量的影响。那么，父母怎样培养孩子乐于助人的良好品德呢？

1. 正确认识这个观念

如果想要培养孩子乐于助人的品质，家长首先要树立对这个观念的正确认识：助人并不是仅仅为了得到回报，助人可以帮助孩子看到自己的优点。乐于助人的孩子更容易关注自己身上的优点去帮助别人，同时助人得到的心理上的成就感远远高于物质上。

2. 采用正确的操作方法

对于具体的操作，可以采取"言语 + 榜样"的暗示。找到孩子的榜样，利用榜样获得的强化，给予孩子替代性强化。

3. 重视自己的榜样力量

家长也是孩子最好的榜样之一，所以家长本身在孩子面前对别人的帮助也会让孩子在潜意识中养成乐于助人的品质。

具体的暗示和榜样虽然因人而异，但步骤与前面差不多，大家参考前面稍加改变，并参考第四章教养的技巧，模仿即可。

◇ 自理能力的培养

如今，孩子的自理能力越来越差，由于中国的独生子女越来越多，家长对孩子的溺爱、娇惯，使得孩子的生活自理能力普遍下降。

有的孩子到了二三年级还不会自己穿衣服，鞋带松了也不会自己系；有的孩子不会扫地、擦桌，值日也完成不好；有的孩子连红领巾也要家长帮忙戴，如果散了，就放在口袋里等着别人帮忙。如此现状，不得不引起家庭、学校、社会的高度重视。

随着社会的发展、竞争的激烈，独立的孩子更容易获得发展的机会，而自理能力是独立的第一步。对于自理能力的培养，步骤也和前面的案例一样，首先要找出目标并量化目标，然后量化基线目标。暗示的方法也是基本的期望，加上言语暗示和榜样的暗示。

注意事项可以参考第四章教养的技巧，培养的步骤参考前面的例子稍作修改即可，这里就不加以叙述了。

◆ 怎样改掉孩子的坏习惯

在成长过程中的某些时期，许多孩子都会表现出某些令人不悦的重复行为。常见的行为有：爱打人、咬指甲、吸吮大拇指、过于害羞，有的孩子更会出现奇怪的饮食与睡眠习惯。

如果曾经有过某种"坏习惯"，就会了解要改掉这个习惯有多困难。大部分有着坏习惯的人，都曾试着告诉自己"千万别再犯了"，可是过不了多长时间，在下一秒钟，又会作出相同的错事。

生活中也会发现，即使我们试着帮助孩子戒除他们的坏习惯，却经常遭受失败；当我们想改变孩子的坏习惯时，反而会让状况变本加厉。因此，帮助孩子克服不自主的重复行为，是非常重要的。

采用我们的暗示教养法，首先要找出这些坏习惯的真实原因；其次，将问题转换成正向的暗示，让孩子接受观念；再次，用新的良好的行为代替原来的坏习惯。事实证明，这样做确实比只是戒除孩子的不良习惯效果更好。

通常来说，新的习惯可以代替旧的习惯，产生同样的感受体验，孩子就不容易再重复原来的行为，也是积极心理学所强调的——强调要做什么，而不是不做什么。如果要求自己不要想象粉红色的大象，可是脑子里定然会出现粉红色的大象，其实完全可以换一种方式，例如要求自己想象白色的天鹅，就不会想象粉红色的大象了。

具体到改变方法，和好习惯的养成类似，总的来说可以分为几个步骤：明确目标—找到基线—找到目标实现的各种可能性，然后将问题转换为生活中各个方面的暗示—订立计划—实施计划，评定目标的达成程度，修改计划—巩固成果。

可是，这里要注意的是，在明确目标方面有所不同。要养成好习惯，并不代表原来有坏习惯，所以不需要调查坏习惯的来源；而要改掉坏习惯，就要了解孩子养成坏习惯的真实原因。孩子的许多不良行为通常都有一个真实的原因，只要解决了这个原因，其他行为就会自行消失。下面就来介绍一些常见的问题。

◇爱打人的孩子

许多孩子有时会对其他孩子甚至父母举止粗暴，只要一生气，就会咬、打、踢或推眼前的人。之所以会出现这种行为，可能源于人的动物本能。当动物感到生气或者感觉到危险的时候，就会下意识地进行自我保护，可能就会攻击在眼前的生物。

人是高级动物，有这种本能无可厚非。可是，在社会中，攻击性行为是不被认可的，随着成长、社会意识的形成，人们就会逐渐压抑自己的这种攻击行为，或者找到其他更适合发展的方法。

那些持续有着攻击性行为习惯的人，很可能是从电视、父母等人身上学到的，并且还获得了强化。当然，为了让孩子明白这种行为是不被认可的，也有很多家长曾经使用了很多方法，可是收效甚微。

还有一个原因，就是家长并没有教给孩子替代这种打人行为的方法，孩子的情绪不能得到合理宣泄，就会持续出现攻击行为。

当丽丽得不到想要的东西时，就会产生攻击行为。在这种情况下，她会对那些不能如她所愿的人又抓又踢。

如何才能改变孩子的这种不良行为呢？

第一步，明确目标。

总的目标是打人的行为消失。将目标量化，一个月内出现打人的情况小于 1 次。

第二步，找到基线。

现在的状况是，每次得不到想要的东西都会打人。

第三步，将问题转换为生活中各方面的暗示。

了解孩子的习惯、性格、兴趣爱好，找到目标实现的各种可能性，然后将问题转换为生活中各个方面的暗示。对于丽丽，可以帮助她形成其他的行为表达方式、表达自己的愤怒、不要伤害到别人。

另外，还可以使用榜样的暗示技巧，找到使用暴力的孩子被遭受严重惩罚的影片、动画片等，让其明白这种行为是不被认可的。

第四步，订立计划。

计划

◇目标：学会控制情绪，得不到东西或者生气的时候不会再打人。

◇基线：每次都打人。

◇暗示的实施过程：

第一阶段

主要行动：接受攻击性行为是不良的表达方式的观念，只有控制自己的情绪才是有效的表达方式。

第一周的暗示：每天播放负面的榜样与正面的榜样的影片。

第一周的目标：了解攻击性行为是不被大家所喜爱的，学会控制自己的情绪。了解有其他的行为可以取代攻击性行为，例如延迟满足（就是无法马上满足现在的要求，一段时间后再满足），通过榜样获得替代性强化（榜样得到了奖励，也会强化观察者的行为），之后通过游戏获得强化。

过程：了解孩子的爱好、接受程度，选择适合的正面榜样与负面榜样的例子。

这个孩子爱看电视，不喜欢看书，我们就选择了录像，经常播放负面榜样的例子，强调他们的行为所受的惩罚。例如，孩子想要得到一辆玩具车，妈妈不给他买，他就在街上大哭大闹，影响了交通。妈妈不得已把他痛打了一顿带回家，什么也没有买给他，并且以后再也不带他上街了。

播放正面榜样的例子，不仅可以让孩子在观看过程中学习，还能够获得强化。例如，一个小女孩想要买一个白雪公主图案的新书包，可是妈妈觉得太贵了。小女孩想了想就和妈妈说，为了获得新书包，每天都要帮妈妈做家务，还要将旧书包捐给需要的孩子。最终，妈妈同意了，并且觉得孩子很懂事。一个星期后，妈妈不仅给她买了新书包，还顺便买了一套新文具。

在孩子开始学习之后，可以采用模仿的游戏形式，采用做游戏的虚拟方式。家长可以表演负面的榜样，让孩子表演其他人，体验被惩罚的感觉；更重要的是，孩子可以在这个过程中体验到其他人对这种攻击行为的不喜欢，以此激发他学会控制自己情绪的动机。之后，可以让孩子扮演正面的榜样，家长扮演其他人，让孩子发现有其他方法可以替代她的打人行为，获得同样的甚至更好的结果，而这种方式是大家接受的。

第二阶段

主要行动：行为矫正。

第二周的暗示 1：你可以将手放到背后控制自己的情绪。

暗示 2：如果你用其他方式替代打人的方式，你将会得到你想要的。

第二周的目标：明白自己打人的方式不好，开始控制自己的情绪，减少打人的次数。

过程：持续播放影片，玩角色扮演游戏，与她商讨出控制情绪的方法。对于丽丽，我们与她的协议是，当生气或者想要东西没有得到想要打人时，就把手背到后面去。并且，与她协议好，如果她能够连续一周做到，就给她一个哈根达斯作为奖励。我们不仅一周后给其奖励，当她每次做到时，都要给她一定的鼓励，可以是言语的，也可以是肢体的。

第三阶段

学会用其他方式替代。

第三周和第四周的暗示 1：你可以用其他的方式获得你想要的。

暗示 2：如果你完全不打人了，将会成为一个受人喜爱的孩子。

这两周的目标：完全可以控制自己的情绪，打人的次数减少为每个月少于 1 次。

过程：继续帮助孩子找到其他替代的方式，对她产生的改变继续给予积极的反馈。

第四阶段

巩固成果，开始培养或矫正其他行为。

这个阶段主要是巩固成果，不需要每天施加暗示，但在生活中依然可以适当暗示，例如可以称赞她越来越漂亮温柔了。

第五步，实施计划，评定目标的达成程度，修改计划。

按照计划实施暗示和行为，评定每个小目标的完成程度。如果按照计划完成，就进行下一步；没有完成，可以继续保持一个星期；如果依然没有改善，就要考虑改变暗示，重新修改计划。最终，要达到总的目标。

第六步，巩固成果。

达到计划的目标之后，就可以逐渐减少强化的频率，将频率调成不定期的强化。同时，可以开始其他行为的塑造和矫正。

◇上课不认真的孩子

孩子上课不认真听讲的问题，困扰着许多父母和老师。有些孩子上课总是无法全神贯注地听讲，不是做小动作、挖鼻孔、抠耳朵，就是与其他同学交头接耳，逗闹一下。有时候看起来是在听课，其实思想早已离开课堂，开了小差。

当孩子不认真听讲时，很多父母都简单地认为是孩子对学习不重视，或者不想学习。于是跟孩子大讲学习的重要性，反复地叮咛孩子要认真听讲，可是孩子依然无法做到认真听讲。

不管是什么原因，如果不认真听讲，对孩子的成长都极为不利。作为父母，我们也决不能以简单粗暴的方式去责怪孩子，要与孩子加强交流，了解孩子不专心听讲的真正原因，然后再采取有效的措施，对症下药。

心心上小学三年级，学习成绩一直不好。上课虽然不会吵到别人，可上课总是不认真，不是看着窗外走神，就是自己玩起来。

如何才能让孩子认真听讲呢？

第一步，明确目标。

目标是上课专心听讲，远期的最终目标是学习成绩提高。将目标量化，老师对上课走神的具体次数或者时间做评定。最终目标是成绩提高。

第二步，找到基线。

也就是现在上课走神的时间总共有多长。

第三步，将问题转换为生活中各方面的暗示。

了解孩子的习惯、性格、兴趣爱好，找到孩子问题的真实原因，然后找到目标实现的各种可能性，将问题转换为生活中各个方面的暗示。

心心上课的时候之所以会走神，一方面是因为听不懂老师在讲些什么，另一方面是他本身注意力集中的时间就较短，所以可以从这两个方面着手。

第四步，订立计划。

计划

◇目标。

上课专心听讲的时间达到这个年龄段孩子的平均水平，40分钟课时，有30分钟专心听讲。期末考试成绩提高10名。

◇基线。

现在专心听讲的时间合起来10分钟不到。上学期期末考试在班上第40名。

◇暗示的实施过程：

第一阶段

主要行动：接受保持注意力＋行为矫正。

第一周和第二周的暗示：你可以保持注意力，保持注意力才能够赢得游戏。

这两周的目标：提高保持注意力的时间至5分钟。

过程：心心最根本的问题是，注意力集中的时间很短，他不能认真学习，以前的知识都没有学会，而家长也不知道，所以当务之急是提高他注意力集中的时间。因为心心很喜欢玩游戏，但经常也是玩不了一会儿就会转移注意力，所以可以采取玩游戏的方式，例如和孩子比谁可以注视一个东西更久，注视更久的人获胜。当孩子产生兴趣之后，加入新的游戏——注视扑克牌。通过观察，我们发现注视扑克牌的时间最长只能 2 分钟，远低于平均水平。然后，我们根据这个基线时间，让他不断增加注视时间。在这个过程中，不断鼓励他可以做到，并给予一定的奖励，

帮助孩子查缺补漏，找到其上课听不懂的原因。由于没有打好基础，所以心心根本听不懂老师在讲什么，最重要的事情之一是查缺补漏。

第三周，让他看感兴趣的书；并且告诉他，看的时间越长就可以得到奖励。

第二阶段

第三周和第四周的暗示：如果你能赢得游戏，就能持续看你喜欢的书。

这两周的目标：提高对扑克牌的注视时间到 15 分钟，看喜欢的书超过 10 分钟。

过程：继续采用看扑克牌的游戏，对于每次他的自我超越都要给予鼓励，并约定如果达到 15 分钟，就可以满足一个愿望。然后训练他看较为感兴趣的书。这时候，孩子的测量基线水平为注意时间 6 分钟，要求他像玩扑克牌游戏一样集中注意力的时间超过 10 分钟。同时，加入一个新的游戏——拼图，拼图不但能够培养孩子的注意力集中，还能锻炼孩子自我控制能力。

第三阶段

接下来的一个月的暗示 1：大家都可以安静地看书学习。

暗示2：只有保持注意力，才能赢得游戏，才能看自己喜欢的书。

这两周的目标：可以持续看喜欢的书超过20分钟，可以专心学习的时间超过15分钟。

过程：继续玩拼图游戏，给他的功课查缺补漏。可以与孩子探讨他今天看了什么书，学习了什么，有什么收获，看了多久等，对他的注意力可以集中那么长时间给予赞扬，对他还是认真学习给予强化。

第四阶段

接下来这个月的暗示1：保持注意力的好处非常多，将注意力保持在学习上了，学习成绩也会越来越好，便可以听懂老师上课的内容了。

暗示2：你今天上课可以集中注意力听课25分钟以上，回家就可以进行更多的游戏。

这个月的目标：上课集中注意力听课到25分钟以上，专心学习的时间达到25分钟。

过程：通过补习之前的内容，在学习过程中不断称赞孩子，作为强化；通过作出习题，也可以作为强化。而学习了之前的内容后，上课自然能听懂，就可以较少费力地听课，所以他不用太费力就可以完成25分钟注意听课的任务，也会对他听课的意愿造成强化。同时对他的改变要及时表扬，强化巩固他的行为。

第五阶段

巩固成果，继续给予暗示其上课注意听课时间累积达到30分钟，然后开始培养或矫正其他行为。

这个阶段主要是巩固成果，不需要每天施加暗示。可是在生活中依然可以适当暗示，例如，可以在学习之后与他讨论今天的学习内容，称赞他学得越来越多，越来越聪明了。

第五步，实施计划，评定目标的达成程度，修改计划。

按照计划实施暗示和行为，评定每个小目标的完成程度。如果按照计划完成，就进行下一步；没有完成，可以继续保持一个星期；如果依然没有改善，就要考虑改变暗示，重新修改计划。最终，要达到总目标。

第六步，巩固成果。

达到计划的目标之后，就可以逐渐减少强化的频率，将频率调成不定期的强化。同时，可以开始其他行为的塑造和矫正。

小注：

对于有其他学习问题的孩子，其实也是可以进行类似的操作，关键是要找出他们的主要问题，根据主要问题设定目标和暗示，然后进行矫正。

◇我的孩子喜欢咬指甲

有些孩子经常会反复出现自主或不自主的啃咬手指甲的行为，有的则是咬脚趾甲。其实，咬指甲并不是孩子的专利，很多成人也会有咬指甲的经历。

从心理学角度来说，啃咬指甲也是一种心理情绪的反映，往往与情绪紧张、抑郁、沮丧、自卑感、敌对感等情绪有关。心理学家认为，如果一看到孩子咬指甲就强烈提及，"咬指甲"这个行为反倒可能被保留下来，甚至越来越严重，久而久之这个行为就会变成孩子的一个情绪释放方式。那么，如何来帮助孩子解决这个问题呢？

12岁的莎莎，一直都有咬指甲的习惯，妈妈觉得这样很脏，很容易病从口入，虽然尝试了各种方法希望她改掉，可是总不见效。

如何才能帮助孩子克服咬指甲的坏毛病呢？

第一步，明确目标。

我们注意到，莎莎只有在紧张或者很专注于某件事的时候，才会不经意的咬指甲，所以目标就是——在紧张或者专注某件事时，不出现咬指甲的行为。

第二步，找到基线。

每次紧张和专注都会咬指甲。

第三步，将问题转换为生活中各方面的暗示。

了解孩子的习惯、性格、兴趣爱好，找到咬指甲的原因。然后，找到目标实现的各种可能性，将问题转换为生活中各个方面的暗示。我们发现，莎莎通过咬指甲可以减轻自己紧张的情绪，所以我们考虑采用其他行为代替咬指甲。

第四步，订立计划。

计划

◇目标：采用一只手摸另一只手的指甲代替咬指甲的行为。

◇基线：每次紧张和专注都会咬指甲。

◇暗示的实施过程：

第一阶段

主要行动：接受观念。

第一周的暗示1：我在咬指甲，咬指甲不好，会带来不好的感受。

暗示2：其他的孩子都不咬指甲，老师也不咬指甲。

第一周的目标：使她发现自己咬指甲的习惯，其他孩子并不咬指甲，她与其他孩子不一样，并感受到咬指甲带来的不好感觉。

过程：让她发现其他孩子都不咬指甲，而自己和他们不一样。给她的指甲上涂上有不良味道的液体，没有任何毒性，可以食用，比如醋，当她将手靠近嘴部准备咬的时候会注意到这种味道，而放进嘴里也会注意到这种味道。

第二阶段

主要行动：行为矫正。

第二周的暗示1：我可以用摸指甲代替咬指甲，会有一样的感受而不用接受酸味。

暗示2：如果我可以连续3次都采用摸指甲的行为代替咬指甲，我就可以获得一个我想要的东西。

第二周的目标：在紧张和专注情况下，咬指甲的次数开始减少，并开始使用摸指甲的行为代替。

过程：继续采用在指甲上涂醋的方法。同时，应对她所产生的改变给予鼓励，例如称赞她现在看起来好多了。她达到了自己的要求，也要让她满足心愿。如果没达到，就重新开始努力直到达到。

第三阶段

第三周和第四周的暗示1：摸指甲我就会不紧张了，我就可以安静面对所有事了。

暗示2：不咬指甲，我看起来更好了。

这两周的目标：在紧张和专注情况下，咬指甲的次数较少至每10次低于1次。

过程：先让她握紧拳头，体验紧张的感觉，然后让她放松同时摸摸自己的指甲，体验放松的感觉，多次之后就可以在潜意识中建立起放松与摸指甲的联系，而放弃用咬指甲来获得这种体验。在其做到基本不咬指甲时，应给予鼓励，例如她看起来比以前好多了，她的指甲变得漂亮多了。

第四阶段

巩固成果，开始培养或矫正其他行为。

这个阶段主要是巩固成果，不需要每天施加暗示。可是在生活中还是可以适当的暗示，例如，可以持续做放松感受的练习。

第五步，实施计划，评定目标的达成程度，修改计划。

按照计划实施暗示和行为，评定每个小目标的完成程度。如果按照计划完成，就进行下一步；没有完成，可以继续保持一个星期；如果依然没有改善，就要考虑改变暗示，重新修改计划。最终，要达到总的目标。

第六步，巩固成果。

达到计划的目标之后，就可以逐渐减少强化的频率，将频率调成不定期的强化。同时，可以开始其他行为的塑造和矫正。

◇过分沉溺于电脑游戏或者游戏机

关于电脑的问题，笔者认为，让孩子从小接触一下电脑没有什么坏处，可是让孩子接触电脑游戏绝对不是首选。首先，电脑游戏容易上瘾，连许多大人都挡不住这样的诱惑，何况是孩子。其次，玩电脑游戏时间太长，对孩子的眼睛不好，而且电脑辐射还会影响孩子的语言发展和交往能力。

涛涛今年12岁了，刚学会玩电脑游戏，十分沉迷。以前除了学习，就喜欢出去玩。现在，一天到晚都想着玩电脑。每到周末、放假更是变本加厉，一天都坐在电脑前，家里来了客人也不出来打招呼，作业也不做。

如何让孩子不沉迷于电脑游戏呢？

第一步，确定目标。

学会控制玩游戏的时间。

第二步，找到基线。

将基线量化，每周玩游戏的时间有 35 个小时以上。

第三步，将问题转换为生活中各方面的暗示。

了解孩子的习惯、性格、兴趣爱好，找到喜欢玩游戏的原因。然后，找到目标实现的各种可能性，将问题转换为生活中各个方面的暗示。

涛涛之所以喜欢玩游戏，第一是班上同学都在玩；第二是觉得新奇；第三是在玩游戏中可以获得成就感。所以，我们要从这三个方面入手设定暗示和订立计划。

第四步，订立计划。

计划

◇目标：学会控制玩游戏的时间，每周玩游戏的时间不超过 5 小时。

◇基线：每周玩游戏的时间多达 35 个小时以上。

◇暗示的实施过程：

第一阶段

第一周和第二周的暗示：发现其他活动也很新奇好玩。

这两周的目标：每周玩电脑游戏的时间减少到 20 个小时。

过程：收集其他户外活动的资料，带孩子去外面玩，邀请其他孩子来家里玩。

第二阶段

第三周和第四周的暗示1：如果我能控制每天玩游戏的时间，妈妈带我去外面玩的机会就会增加。

暗示2：如果我这周可以将玩电脑游戏的时间减少到10小时，周末父母就会带我去我想去的地方。

这两周的目标：玩电脑游戏的时间减少到每周10个小时。

过程：培养了他对户外活动的乐趣后，当他开始主动控制玩电脑的时间时，就要及时给予表扬加以强化。如果孩子确实实现了目标，就要给予奖励。如果没做到，就继续鼓励他的努力，鼓励他继续尝试。

第三阶段

接下来一个月的暗示1：如果我学习好，我会想出更有意思的游戏，就可以天天玩各种游戏了。

暗示2：如果我完全能够控制自己玩游戏的时间，我就是个了不起的人。

这个月的目标：每周玩游戏的时间自觉减少到5个小时。

过程：收集电脑游戏是怎么来的资料，给他讲故事、看榜样，让其明白：如果现在他能好好控制时间，多花点时间在学习上，今后就可以实现自己的愿望。而能够完全控制自己时间的人都是伟大的人，可以通过榜样和父母平常的鼓励称赞，给他的潜意识灌输这种观念。

第四阶段

巩固成果，开始培养或矫正其他行为。

这个阶段主要是巩固成果，不需要每天给予暗示，在生活中依然可以适当地暗示，例如可以在某些时候表扬孩子可以自己掌握安排时间，像很多成功的人那样。

第五步，实施计划，评定目标的达成程度，修改计划。

按照计划实施暗示和行为，评定每个小目标的完成程度。如果按照计划完成，就进行下一步；没有完成，可以继续保持一个星期；如果依然没有改善，就要考虑改变暗示，重新修改计划。最终，要达到总的目标。

第六步，巩固成果。

达到计划的目标之后，就可以逐渐减少强化的频率，将频率调成不定期的强化。同时，可以开始其他行为的塑造和矫正。

◇我的孩子爱说谎

说谎，是大多数父母在教育孩子的过程中经常会遇到的问题，笔者在做个案的时候也经常会听到父母说到这一点。面对孩子的说谎，父母们束手无策，既不知道孩子为什么要说谎，更没有好的方法改变孩子说谎的习惯，更担心孩子说谎是品格出了问题。

其实，不同的年龄段的孩子，说谎的性质是不一样的，不能一概而论，一定要根据情况采取相应的措施，更重要的是提前做好预防，做到未雨绸缪。当孩子稍大一些的时候，有时会说些谎话、欺骗他人。遇到这种情况，家长就要找出孩子说谎的原因，想办法加以解决。

欢欢10岁了，虽然聪明伶俐，可是经常说谎。她会告诉爸妈作业做完了，就出去玩了，实际上什么都没做；第二天，她会告诉老师，作业忘记带了。她也经常骗妈妈学校要交钱，然后就拿了钱买自己想要的东西。不喜欢吃的东西，她会先含在嘴里，然后趁妈妈不注意的时候吐掉；考试不理想，也不会把考卷拿回家给爸妈看。

这里，我们先分析一下欢欢的行为。

孩子说谎行为的习得一般可能产生的原因有几个：第一，模仿家长；第二，家长的教养态度。也就是说，或者爸妈自己本身就喜欢说谎，孩子在成长过程中看到了，就学会了；或者是出现了某个会导致她被惩罚的情景，使她产生了说谎的动机，说谎后她得到了好处，强化了她的说谎行为，渐渐地就养成了爱说谎的习惯。

为了改变孩子的这种行为，我们对其进行了这样的行为矫正：

第一步，明确目标。

改掉说谎的习惯。

第二步，找到基线。

只要自己能得到利益或避免惩罚的事她都会说谎，每周说谎的次数平均达到 7 次以上。

第三步，将问题转换为生活中各方面的暗示。

了解孩子的习惯、性格、兴趣爱好，找到行为的最根本原因。然后，找到目标实现的各种可能性，将问题转换为生活中各方面的暗示。

父母对欢欢管教很严厉，平常不给她零花钱，要求她每天要做完功课才能去玩，每次都要考班上前 5 名。有一次，欢欢没考好，不敢回去告诉妈妈，就骗妈妈考卷还没发下来。没想到，妈妈相信了，之后妈妈就忘记这次考试的事了，她也避免了挨揍的厄运。

之后又有一次，学校要交春游的钱，欢欢跟妈妈要了之后，到学校发现钱不见了，怎么找都找不到。回家跟妈妈哭的时候，没想到妈妈没有教训她，而是又给了她钱让她去交。结果过了几天，她发现，原来钱不小心掉到书包底部的夹层里了。

班上女孩子都有布娃娃，只有她没有，她很想买一个布娃娃。在一番挣扎之后，她买了布娃娃。开始的时候，她不敢拿回家，放在最好的朋友家里，后来悄悄带回家，藏在床底下，半年多了妈妈都没发现。之后，欢欢的胆子逐渐大了起来，反正妈妈也不会发现，发现了再说吧。

期末家长会，妈妈发现，很多考卷欢欢都没拿回去给妈妈看过，回去就和爸爸一起把她教训了一顿，这次的教训并没有让她改正，她觉得本来要被教训七八次，现在只被教训了一次，还是很划算的。于是，她的谎越撒越多，逐渐变成了爱好。爸爸妈妈也发现了，可是不管怎么打骂，她都改不了已经形成的习惯。

所以我们要做的是，首先，改变父母的观念和教养模式，不能再以打骂的形式进行教育；其次，要设定其他正面的暗示替代撒谎所能得到的心理和物质上的满足。

第四步，订立计划。

计划

◇目标：每个月撒谎的次数低于 1 次。

◇基线：每个月撒谎的次数高于 28 次。

◇暗示的实施过程：

[第一阶段]

第一周的暗示：不需要说谎也能避免被惩罚。

第一周的目标：了解到不需要说谎也不会被惩罚。

过程：采用父母的榜样行为进行暗示。欢欢学习说谎行为多半是从父母那里学会的，所以，父母可以有意地模拟一些事件，让她知道今后在家里，不需要说谎，也不会被惩罚。

第二阶段

第二周的暗示：说谎的孩子是不被喜欢的。

第二周的目标：学会社会对说谎孩子的态度。

过程：与她一起看一些关于说谎孩子的影片，之后可以跟她玩游戏，由家长扮演说谎的孩子，而她扮演家长。

第三阶段

第三周和第四周的暗示1：可以通过其他行为获得自己想要的。

暗示2：如果不再说谎，自己在家里会得到自己想要的权利。

这两周的目标：学会控制说谎的行为。

过程：给孩子看各种通过其他行为获得自己想要的方式，让其学习，并通过显示生活或者表演的方式提供产生动机行为的情境，使其学会用其他方式获得想要的。例如，她想要获得零花钱，可以与妈妈商量，每天固定给零花钱，或者帮助妈妈做事等获得，而不是通过撒谎。另外，对于考试成绩不好就不敢回来跟妈妈说，应该告诉她，考试的真实目的是为了发现不明白的地方，测验的是大家对知识的掌握程度，并不是智力。当她出现说实话的行为时，应及时给予鼓励，例如，让她主动把成绩不好的卷子拿出来，就要鼓励她的勇敢，并且帮助她掌握卷子上不会的内容。

第四阶段

第五周的暗示：说实话的孩子才是受大家喜爱的孩子。

第五周的目标：说谎的频率低于每个月一次。

过程：通过寻找适合她的榜样，作为例子。另外，对于她说实话的行为要及时给予强化。

第五阶段

巩固成果，开始培养或矫正其他行为。

这个阶段主要是巩固成果，不需要每天给予暗示。可是，在生活中还可以进行适当的暗示，例如，在她几次主动说真话之后，给予奖励。

第五步，实施计划，评定目标的达成程度，修改计划。

按照计划实施暗示和行为，评定每个小目标的完成程度。如果按照计划完成，就进行下一步；没有完成，可以继续保持一个星期；如果依然没有改善，就要考虑改变暗示，重新修改计划。最终，达到总目标。

第六步，巩固成果。

达到计划的目标之后，就可以逐渐减少强化的频率，将频率调成不定期的强化。同时，可以开始其他行为的塑造和矫正。

◆ 为什么我的孩子不喜欢学习

心理咨询室中，我们经常遇到因为孩子厌学而来咨询的家长。很多孩子对学习没有兴趣，缺乏学习的积极性，其实仔细研究就会发现，不喜欢学习的孩子表面上看都有共同的特点：对学习没有兴趣。有多少观众就有多少哈姆雷特，对于每个孩子的问题，只有了解其真实的原因，才能对症下药。

1. 缺乏学习的计划

没有计划的学习，会让孩子感觉晕头转向，尤其是随着年龄的增长，科目增多，学习任务的加重，缺乏计划，会让学习看起来更加累人、更加枯燥无味，让孩子找不到方向，找不到学习的目标。

2. 没有明确的目标

找不到学习的目标，孩子会不知道自己学习的目的究竟是什么，可能会觉得，是为了老师而学，为了家长而学，或者学习就是为了上大学。却不知道，学习真正是为了自己，为了丰富自己的能力。

没有目标，也就没有自己的人生方向，没有自己的选择。作为家长，要及时发现孩子的问题，引导孩子树立正确的目标，让孩子看见自己的未来，鼓励他不断向前努力。

3. 学习方法不恰当

有些孩子没有掌握正确、科学有效的学习方法，学习方法保守、单一，学习效率低下，学习任务无法按时完成，知识容易产生漏洞，久而久之，就会对学习失去信心，失去学习的动力。对于这样的孩子，家长要引导其提高时间管理能力、掌握更有效的学习方式，教会他不同科目的学习技巧，让他重新跟上学习的节奏。

4. 基础知识不够扎实

如果孩子基础打得不好，继续学习更深、更高难度的知识时，就会感觉到沉重的压力，无法应对。过重的压力会让孩子觉得失去希望和信心，因此要从小帮助孩子打好扎实的基础；此外，在发现孩子某方面存在不足时，更要及时地帮助孩子改正。

5. 学习能力不足

如果孩子认知能力比较差，或者是记忆力较差，都有可能影响孩子的学习能力。学习是一项综合的过程，会运用到我们大脑的多个工作区域，某一方面的能力有所欠缺都会影响孩子的学习效率。这样，即使孩子付出很多的努力，仍然无法取得理想的成就。可是，也不能失去希望。对待这样的孩子，要更加耐心，不要给孩子施加过大的压力。

6. 出现情绪问题

孩子也会有情绪，出现了情绪问题时，一般都不愿意主动告诉家长或老师。在没有及时被发现和处理的时候，这些情绪可能就会对孩子产生负面的影响。

如果想让孩子喜欢上学习，首先，要相信孩子是会喜欢上学习的；其次，找出孩子真正不喜欢学习的原因；最后，根据孩子的实际情况探讨对他的正向暗示。例如，对于找不到学习方法的孩子，可以给他提供一些别人使用过的好的学习方法，跟孩子一起讨论。

同时，今后的愿望也是帮助孩子喜欢学习的暗示之一。不管一个人今后想做什么，都需要基本的智力水平，基本的智能操作，有的甚至还需要具备一定的学历。所以，完全可以用"只有好好学习才可能实现愿望"作为暗示，激发孩子学习的动力。之后，再与孩子一起协商改变的计划，帮助孩子找到新的学习方法，找到适合他的学习方式和乐趣。

◆ 为什么我的孩子越管越不听话

在教育孩子的过程中，很多家长都喜欢对孩子"讲道理"。但人们也往往发现，讲道理对于很多孩子来说根本就没用，越喜欢讲道理的家长，孩子往往越不听话。

女儿今年 7 岁，特别逆反，不让做什么就偏去做什么。妈妈经常苦口婆心地给她讲道理，可她却不听，惹得妈妈常发脾气。妈妈知道打骂孩子不对，但又不知该怎么办。

其实，孩子的成长就是一个成为"我"的过程，比如，"我"是什么样的人，"我"想成为什么样的人，"我"和别人有什么相同，又有什么不同？在成长过程中，孩子会逐渐接受社会家庭的教养，形成独特的自我，形成对自我的概念，建立自我评价，从而构成自我意识，追求自己的价值与意义。

1. 0~3 岁

从年龄的发展角度来说，自我意识的发展萌芽起源于 0~3 岁。这时的自我意识，主要是将自己与环境区分开来，建立自我的概念。从孩子被妈妈抱在怀中，摸摸头安抚，或是孩子跟妈妈耍赖，亲子一起欢笑等。通过这些互动，孩子都会体验到生理意义上的"我的存在"。

这个时期，孩子还不会控制自己的需要，一切以满足自己的生理和心理需要为行为准则，比如，不让他出去玩，他偏要出去玩。

这个阶段，对孩子不听话行为的教养目的在于建立起他的规范，通过奖励和适度的惩罚，让他明白什么可以做什么不可以做。因此，可以使用的暗示教养的方式：让孩子的听话行为受到鼓励，过分不听话行为受到惩罚；也可以采用看卡通片等形式，告诉孩子哪些行为是被鼓励的。

2. 4~8 岁

到了这个年龄段，孩子的形象知觉发展最敏感，机械记忆能力也较强，是接受各种事物的最佳时期。要鼓励他们多感受，多探索，多体验，建立对周围环境的认识和概念。

这时候，孩子能够按照家长的指示来做事情，可以安静地聆听家长说话。

他们喜欢听故事，能简短地将自己听过的故事重复出来；会用完整的句子，描述自己的经验和感受，比如"这本书我还没看完呢，你就拿走了。"因此，这一阶段也是培养孩子语言表达能力的重要时期，要鼓励孩子多说、多问、多表达，也可以通过一些游戏的方式来锻炼孩子的表达能力。

这个时期的孩子，对生活中的事物已经有了基本的认识，如喜欢问："谁、什么、何时、为什么、何地"等问题；可以记住人名、地址和电话号码，能说出6～8种颜色和形状等。因此，家长要多鼓励孩子主动探索，如鼓励他们到大自然中去观察动植物等。如果孩子不想去，只想在家里玩玩具，就要对他们作出一定的引导，比如：

妈妈："彤彤，今天天气这么好，咱们出去玩吧。"

彤彤："不，米妮还没看完呢？"

妈妈："现在虽然刚进入4月，可是我听说附近的花已经开了。"

彤彤："可是我不想去。"

妈妈："昨天，在你和妮妮玩的时候，妮妮妈还跟我说呢，咱们街心公园开了很多小花。"

彤彤："真的吗？妮妮已经去看过了？"

妈妈："是的！要不，我怎么会知道。"

彤彤："嗯，那咱们去吧！"

这时候，孩子一般都喜欢跟随小伙伴的行为，一旦发现小伙伴的这个行为，就会跟着去做，而案例的妈妈正好利用了这一点。

3. 9～11岁

自我意识发展的第一个转折期通常在9～11岁，这时候是孩子思维发展的关键期，孩子会逐渐学会客观的自我评价，虽然评价还存在不深刻、不完整、着重外表等特点。这个时期的孩子对事物逐渐产生自己的看法，开始质疑父母的权威，通常会有自己的观点而不听妈妈的话。例如，妈妈让孩子去和其他小朋友玩，他可能会说，那个人很讨厌，我不想和他玩。

这个阶段的主要任务，是帮助孩子形成自我概念，也就是对个人身体能力、性格、态度等方面的认识；同时，帮助他们建立自我评价。自我评价也与孩子自尊心有关，自尊心强的孩子往往对自己评价较高，自尊心弱的孩子往往对自己评价较低。因此，可以多对他们的内心品质进行评价。当他们出现好的品质行为时，例如爱集体，就要给予鼓励。

同时，还要注意使用榜样的暗示，帮助他们建立合理的自我评价，发展自尊心，并相信自己是可以发展的，即使现在自己有一些缺点，只要自己努力一定能改善。

对于不听话的孩子，可以和他们一起对自己的行为进行评价，引导他们向家长想要的评价发展，比如：

"你觉得，你刚才不愿意吃胡萝卜的行为，好不好？你是个什么样的孩子？你想做一个什么样的孩子？"

"我吃不下了，我是个好孩子。"

"你现在想吃雪糕吗？"

"想！"

"吃得下吗？"

"没问题！"

"那你先把这些胡萝卜吃了。"

"我不想吃，我不喜欢。"

"为什么不喜欢？它挺好吃的呀，甜甜的，而且是妈妈为了你的健康，用心准备的。"

"它看起来就不好吃，吃起来也确实不好吃。"

"既然你不想吃，我们来玩游戏吧！你看，这片胡萝卜像什么？猜对了就可以吃雪糕了！"

"它的形状和颜色看起来有点像橘子口味的雪糕。"

"是啊，你猜对了，待会儿你可以得到雪糕，但这之前，妈妈要告诉你：妈妈知道你爱吃雪糕，特意把这些胡萝卜切成雪糕的样子，并且它们也有雪糕一样甜甜可口的味道。你要不要尝尝？"随即妈妈自己吃了一口，并露出肯定的表情。

"好孩子是会愿意去做尝试的，说不定会有新的发现哦。"看到孩子的犹豫，妈妈用孩子想要成为"好孩子"来加强进一步的暗示。

"好吧。"孩子虽然犹豫了一下，但还是答应了。

这个阶段的孩子会有自己的选择和判断，强制让他们接受家长的观念会适得其反，最好采用上述暗示的方式，用他的喜好、个性来引导他。具体来说，可以通过孩子喜欢的游戏、崇拜的人物等，这就要因人而异了。

4. 12~13 岁

这一时期，孩子容易被新鲜事物吸引，凡是新鲜、具体、生动、新颖的对象，都能吸引他们的注意；社会经验少，注意范围相对也小，不善于分配自己的注意力；比较容易激动，喜怒哀乐都会清晰地写在脸上；情感表达越来越丰富，但意志薄弱、主动性和独立性都还比较差，需要家长的督促。

这时，孩子开始懂得克制自己，不会说起来没完没了了，基本上能遵守时间的约定；虽然性格阴郁、悲观、隐秘，但动手能力增强，喜欢敲敲打打，喜欢动手修理和制作东西，经常会出现一些大人想象不到的灵感；他们会将自己的满腔热忱都放到喜欢的事情上，既可能倾注到一盆花上，也可能倾注到篮球上，还可能倾注到电影明星上。

到了12~13岁，孩子青春期端倪初显，家长要多和他们讲道理，要用柔和的方式和他们相处，如此才能收到意想不到的效果。比如，要跟孩子进行心与心的沟通，要从第三者的角度看待孩子的问题；当孩子情绪失控的时候要保持冷静，等到孩子冷静以后再沟通；要多听取他人的育儿经验，不断尝试各种方式，直到产生好的效果为止。

5. 14~16岁

自我意识快速高涨的第二个阶段是青春期，通常在14~16岁。这个阶段孩子自我意识高涨，开始思考我是什么样的人，对自己的评价既注重外在，也注重内在；同时自我体验的意识也高涨起来（自尊心）。

生理的发展使得他们有了成年感，同时也希望享受到成年人的待遇。这个时期，孩子会对家长的要求出现抵制，想要按照自己的方法做事，以证明自己已经成年了。教育他们的时候，关键是要帮助他们形成正确的自我评价，包括对自己能力、对自己态度、个性等的自我评价，形成对自己的期望。为了更直观，我们用下面这段对话说明：

妈妈觉得快要参加中考的女儿，最近很沮丧，提不起精神，但又不敢主动找女儿问话。因为女儿是个很有主见的孩子，觉得自己的行为方式是正确的。一天晚饭后，女儿主动来找妈妈。

"妈妈，我觉得我完了。"

"啊？发生了什么事？"听到女儿这么一说，妈妈吓了一跳。

"我觉得，不管我怎么努力，都无法取得理想的成绩。"

"哦，这并没有你想象的那么严重，提高成绩有很多办法的，你应该尝试了很多办法了吧。"妈妈松了一口气，并暗示她事情没有那么严重，是能够解决的。

"是的，我比同学花的时间更多、题目做得更多，可是成绩却没有别人好。我真笨，人家不费力就能考好，我这么努力，还不如人家。"

"世界上没有不费力就能做好的事，举个例子，你觉得吃东西要费力吗？如果你把怎样学会吃东西的过程告诉妈妈，妈妈就教你快速考好的秘诀。"妈妈知道她的爱好之一是吃，所以用暗示她自己思考，通过自己的思考领悟世界上没有什么不费力的事，她不是不如别人。

"我试试，首先吃东西要选择想吃的；然后，要选择筷子比较方便还是勺子方便把东西送进嘴里；然后，将东西放进嘴里，咀嚼、品尝、吞下去。要学习的是什么能吃，什么好吃，拿筷子和勺子，还真的是费力的事啊！"

"是的，看起来这么简单平常的事，都是从小经过很长学习才学到的。我记得，你小时候特别贪吃，连白糖都不放过。有一次自己去厨房，还不小心把盐当成了糖，吃了一大勺。"

"是啊，那次之后，我一下子就学会了分辨盐和糖了，还顺便学会了分辨味精，那时候我才 3 岁，哈哈！"

"从这些你明白了什么？你还觉得你的同学是不费力就学好的吗？"

"我想不是，应该是我并没有看到别人努力的时候，也许别人平常比我更努力，也许别人以前犯过跟我一样'吃盐'的错误。"

"没错，你的理解很正确。你已经开始看到事情的本质了，你怎么那么小就一下子学会分辨盐和糖了，要知道你爸爸到现在还经常弄错！"

"是让我学会知识吧。"

"所以，考试只是一种检验我们学会了多少的方式。考不好，并不代表你没有能力学好，你觉得呢？"

"是的，可是，考不好就说明我有很多不明白的。"

"很好，你又看到事情的本质了。既然有些地方不明白，而你一个人又不能解决，把你的考卷和书本拿出来，让我们看看什么地方不明白，然后就没什么了。"

一次的谈话并不能完全解决问题，这个女孩希望自己能取得更好的成绩，既自卑，又自尊心强烈。现实的挫折使她的自尊受挫，产生了自卑，因此就要让她发现自己的能力；同时，要通过事件暗示纠正她对自我的评价、对学习的评价，使她自己接受这个观念；最后，再进行类似的正面暗示引导。

◆ 怎样让我的孩子更聪明

让孩子聪明是每一个父母的愿望，那么如何养育一个聪明的孩子呢？答案是，孩子聪明与否除了与先天因素有关，还与周边环境的刺激有关。

研究证明，聪明并不是天生的，遗传只能够提供发育发展的基础，我们的智商和情商（所谓的 IQ 和 EQ）都是在后天的学习和各种环境的影响下逐渐发展起来的，而这一切的发展又与生理的发展尤其是大脑的发展有着密切的关系。儿童时期，大脑都在发育，多接触新奇的刺激，多活动，让孩子多多思考，都是有利于大脑神经发育的。

其实，任何形式的活动都会促进孩子智力和情商的发展，例如，看电视，孩子可以从中获得学习；玩游戏，既可以让孩子学会只有遵守规则才能达到目标，也可以让孩子学会人际交往等，所有的活动都会使孩子变得更聪明。

不同的活动可能会对孩子的心态造成不同的影响，因此我们可以选择性地让孩子多参与一些能够促进孩子智力和心理发展的活动。通常我们所说的学校学习，是一种系统化的培养孩子认知能力的方法，学习成绩仅仅是认知能力学习的衡量方式。

因此，为了让孩子更聪明，家长首先要对孩子树立积极的价值观，相信孩子是会随着年龄增长、学习以及其他活动变得更聪明；其次要让孩子相信通过努力自己会变得更聪明，聪明并不是天生的。既可以用言语，例如，你学会做加减运算了，可以帮助妈妈算出今天花了多少钱了，你越来越好了；也可以采用实际的例子。

最主要的是，不要过分关注天赋，而要关注孩子的成长，对于他点点滴滴的进步都要给予鼓励。事实证明，长期对于孩子点滴进步的关注，会让他养成争取成功的性格；如果家长只关注结果，孩子很可能会形成避免失败的个性。

◆怎样激发孩子的斗志

如今，很多有关亲子教育的文章都告诉我们，要想让孩子更好地从事某件事，首先就要激发他的斗志。比如，如果希望孩子学习进步，就要先激发他取得进步的想法；如果孩子去参加某个比赛，有斗志的孩子比没有斗志的孩子往往会更努力，也更容易获得好名次。

可是，那些书并没有告诉我们该怎样激发孩子的斗志。有些家长和老师则以为，只要跟孩子说几句话就能激发他的斗志，就大功告成了，结果还是不理想。怎么办?

第一个要素:目标。

要想激发孩子的斗志,首先就要给孩子确立一个明确的目标。如今,很多家长也意识到了目标对于激发斗志的重要性,可是该如何给孩子确立目标,却依然是家长心中的大问题。

下面,我们来看看一些家长是怎么说的:

家长一:为了激发孩子的斗志,在做一件事情之前,我都会找闺女说说话。之前闺女要考艺校,我对她说:"孩子,要认真准备,考上了之后就会成为大明星了。"

家长二:我一般就对孩子说:"加油。"其他的,我也不懂,不知道怎么说。

家长三:我会根据不同的需要,找不同的资料,来给孩子参考,给他点心理安慰,这算是激励斗志吗?

家长四:为了让我家孩子考上大学,我每天都会对他说:"妈妈就指望你了,你考上大学,妈妈才能扬眉吐气,不再看别人的脸色。"

家长五:我会帮助孩子想该怎么做更好,然后教他做。他只要按照我的说法做,就一定能成功。以前的事实也证明了这一点。但最近这两年,孩子长大了,好像不喜欢我的这种方式了,我告诉他"……会成功",可是他明明知道,却不愿意去做。

想想看,这样的几种方式,哪些可以有效地激发孩子的斗志?应该说,效果因人而异。有些话确实能激发孩子的斗志,因为这些话点燃了孩子心中的希望,符合他们潜意识的需要,与一个人潜意识相符合的观念比不符合的观念更容易被接受。

第一个家长对自己女儿暗示"考上之后，就会成为大明星"，可能会激发孩子的斗志，但也不一定都有效。因为孩子可能会觉得太遥远。

有了目标，孩子也就有了努力的方向。这个目标要与他们相关，能引起他们的共鸣和兴趣，比如有个著名的网络游戏——魔兽世界，玩家众多。这些玩家都是自发地参加游戏比赛，成为游戏的精英、专业玩家，可获得第一名的奖金，因此他们没日没夜地进行训练。

目标，是激发一个人行动的动力。如果希望孩子完成某件事情，就要将我们的目标与孩子的需要联系在一起。家长要找到这种联系，并让孩子看到这种联系；同时，还要在生活中不断地强化这个目标实现的重要性。

例如，如果想让孩子学钢琴，首先可以让孩子多听音乐，带孩子去看钢琴表演，告诉孩子：美好的音乐是可以从这些黑白键里弹奏出来的，像魔术一样神奇，他也可以成为弹奏者；还可以在平时多称赞一下弹钢琴之人的优雅行为，给予孩子正面的暗示；多带孩子看一些有钢琴弹奏的现场表演，也可以与孩子一同欣赏电视上的钢琴节目。通过各种方式让孩子产生对钢琴的兴趣，然后教他弹一些简单的乐曲，并及时鼓励他。

需要注意的是，目标的设定可以分为长期目标和短期目标，长期目标可以是总目标；短期目标是现实的，孩子稍微努力就可以达到的目标。如果一开始就只是设定长期目标，短期看不到效果，孩子的行为得不到效果的强化，斗志也会消失。因此，要帮助孩子设立一个"跳一跳，就能够得到"的目标。例如，对于上面的学钢琴的孩子来说，长期目标和最终目标就是成为像郎朗一样的钢琴家，而近期目标则是弹出一小段旋律。

第二个要素：反馈。

父母对孩子行为的反馈可以促进或者降低孩子行为的频率，如果父母对孩子的行为经常给予正面的反馈，可能仅仅是一句"我好高兴"之类的话，就能够激发孩子的斗志。

下面是一些家长告诉笔者的故事：

1. 一句"谢谢"

我的儿子现在2岁5个月大，每次他躺在床上睡觉时，我都会打开音乐盒给他听。有一次，我身体不舒服，盖着棉被躺在床上。他对我说："妈妈快睡，我开音乐盒给你听喔！"然后，帮我把棉被盖好，音乐盒放在枕头边。

我对他说了声："谢谢你！"他就笑着跑开，去客厅玩了。可是，他会不时过来看我的状况。我看他一个人怪可怜的，就躺在被窝里跟他有一搭没一搭地说了起来。他大概觉得我病好了，于是朝棉被扑过来，一下又掀开棉被钻进被窝捣乱。这么一来，身体还虚弱的我也被逼得只好起身。

家长只是简单的"谢谢"就无意地鼓励了孩子的行为，孩子觉得自己做这件事非常开心，同时也强化了他继续回来看妈妈状况的行为。

2. "妈妈，你最棒！"

我的女儿现在1岁10个月大，每天带她都累到精疲力竭，我经常都在检讨自己哪里没做好。有一天，女儿笑着对我说："妈妈，你最棒！"我从没教她什么"最棒"之类的话，她也没上托儿所，真不知道从哪儿学来的。我一边纳闷，一边高兴得快要掉眼泪，不由得把女儿抱得紧紧的。

本来我对带孩子很没自信，每天都重复不断地问自己：怎样做对孩子才好？怎样做对孩子不好？什么是对孩子最重要的？但自从那天开始，她那句"妈妈，你最棒"给了我不少信心，我永远都记得那一天。

这里需要强调的是，如果想让孩子的行为发生改变，并不是家长说几句话，或者与孩子谈一两次话就能产生的，谈话是暗示教养的一部分，家长给予的语言、态度以及其他方面的暗示都要系统而有计划地设计并进行，并且还要适当给予反馈，才能真正改掉孩子的坏习惯，继而养成好习惯。

如果希望孩子对自己产生期望，相信自己能行，就要与孩子一起协商计划，包括：

（1）孩子对自己的暗示。

每天起床之后对自己说："我醒来了，感觉很好，我能完成今天要完成的任务。"每天睡前对自己说："我认真过完了今天，现在我会睡得很好，明天又是更好的一天。"

（2）家长对孩子的暗示。

早上见到孩子就对他说："你看起来很好，今天一定是很快乐的一天。"

（3）对出现期望行为的反馈、鼓励、强化物等。

第七章　怎样更好地与孩子沟通

家长经常抱怨很难与孩子沟通，逐渐长大的孩子也经常抱怨很难与父母沟通，是什么造成了他们之间的沟通障碍？

很多时候，孩子会惹家长生气，甚至有时候非常愤怒。这时候，有些家长就会说："为了你，我容易吗？为什么就是不听话呢？""这孩子，哪像你小时候，怎么就是说不听呢？""如果再不听我的，以后就别吃饭！"说这些话的时候，家长有没有想过你可能与孩子存在一个沟通问题呢？也许换种沟通方式你与孩子的相处会得到改善。

◆平等的交流

今天，封建伦理等级制度已成为历史，新世纪的父母应该彻底抛弃高高在上、板起面孔说教的架势，变居高临下为与孩子平等相处、平等交流。这样，孩子才愿意向父母吐露心声，由和父母对着干变为愉快合作。

平等相处、平等沟通是教育孩子的有效方法。

珊珊爸发现5岁的女儿最近变得越来越沉默了，以前从幼儿园回来，珊珊总会叽叽喳喳说个不停，可是现在不爱说话了。经过反复和女儿的沟通，爸爸才知道，一直以来自己都不重视女儿的谈话，由于得不到积极响应，女儿和他沟通的热情也渐渐消退了。

这种情况，在很多家庭都出现过。由于不重视或是不知道和孩子的沟通技巧，导致很多孩子在成年后亲情变得冷漠。其实，亲子之间真正的沟通，应该是平等的。

可是，如今很多家长总是以权威的身份要求孩子做这做那，要求孩子接受自己的观念，例如，你要好好读书，将来才能成为有用的人；你要多吃肉，这对你的身体有好处；你必须去补习班，其他孩子都去了等。

孩子是一个独立的个体，有自己的想法、自己的人生，家长能做的是让孩子看到他们有很多选择，而不是强迫他们只有一个选择。以居高临下的方式与孩子交谈，绝对不是一种沟通。家长应尊重孩子，在孩子犯错误时宽容对待，耐心倾听孩子的想法。如果在孩子面前摆出一副高高在上的姿态，把孩子作为成人的附属品，孩子就会变得保守、胆小、被动和听话。

孩子玩的时候，父母可以蹲下身子，甚至趴着和他一起玩耍。

孩子进步的时候，要与他们一起分享成功的喜悦。

孩子不开心的时候，要真心聆听他们的烦恼，了解他们的内心世界。

父母完全可以按照循"父母＝朋友＋老师"的思维方式来和孩子相处，如果孩子能把你当成知己，关系就会融洽一些，相互间的交流也更有效，因为教育本来就意味着伴随和支持。

◆ 倾听

只有愿意倾听孩子的言语，才有了解孩子真实想法的可能，这是倾听的重要作用之一。

事实证明，在和孩子沟通的过程中，如果父母能够扮演一下倾听者的角色，孩子一定会对父母说出他埋藏在心底深处的话。

小菲今年上六年级，最近，妈妈发现女儿和平时很不一样，经常一个人闷闷不乐，也不像往常一样爱说爱笑了。妈妈觉得，女儿有心事了，便决定找女儿谈一谈。

这天，吃过晚饭，妈妈拉着小菲的手，说："我女儿这几天好像很不高兴。走！妈妈带你去公园散散步。"

一路上小菲都没说话，一直走到了一张长椅前，小菲才拉着妈妈坐了下来。看着女儿欲言又止的样子，妈妈说："小菲，你长大了，人长大了都会有心事。我不是说过吗？我虽然是你的妈妈，但也是你最好的'朋友'。你有什么心事、什么困难都可以和妈妈诉说，妈妈即使帮不了你，也可以为你分担一点啊。还有人比妈妈更值得你信任吗？"

这时，小菲好像才没有了顾忌，靠着妈妈的肩膀，小声地说："妈妈，我总觉得这件事不太好说。怕您不理解，怕您生气。"

妈妈笑了，说："傻孩子，妈妈也是从你这么大长过来的，有什么不理解的？说说看？"

小菲想了一会儿，说："妈妈，您知道我的同桌李刚吧？"

"哦，那个男孩成绩很棒，我知道。"妈妈回答。

小菲接着说："我俩关系不错，平时考试不是我第一，就是他第一。不同的是，我数学比较好，而他的数学成绩很一般，所以平时放学后我经常留在班里帮他补习数学。可上周……妈妈，他说……他喜欢我。我真的不知道该怎么办了。"

这时，妈妈才明白了女儿这些天情绪不好的原因。但是，妈妈觉得这事挺棘手的，一定要处理好。想到这里，妈妈拍了拍小菲的后背说："这也没什么大不了的，这说明你长大了。你能和我说这件事，我很高兴。再说了，有人喜欢你，说明我女儿好呗。我也替你感到高兴。其实，妈妈小时候也有过类似的经历。"

"是吗？"小菲瞪大了眼睛，看着妈妈。

"妈妈那个时候比你大一点，十四五岁的样子。我家邻居的一个男孩经常骑自行车去学校接我放学。开始的时候，我以为他就是看在邻居和朋友的面子上来接我的，直到有一天他给我写了一封信……后来我给他回信了，告诉他我想要一个他这样的哥哥。再后来，他就真成了我哥哥，我们一直都是比较好的朋友。直到后来搬家了，才失去联系。小菲，你现在也长大了，应该知道怎么处理这样的事情，对吧？我觉得，你应该和李刚说清楚，做朋友挺好的。但不能有其他的想法，因为你们还没有真正长大，我相信，李刚是能想通的。如果有什么麻烦，你可以随时和妈妈沟通，好吗？别难过了。"

"妈妈，您真好。我开始都不敢和您说呢。"小菲笑得很释然。

这就是沟通的妙处，这就是倾听的神奇。这位母亲很轻松地就把孩子的一个"小危机"解决了。作为父母，不管做什么，肯定都是为了孩子好。但是，既然是为了孩子好，既然爱孩子，就不要有粗暴的责问、无情的惩罚，而是要认真倾听。

在倾听中，融入对孩子的爱、宽容、耐心和激励，就会给孩子创造一个幸福、温暖的成长环境，在自己与孩子之间建立起最亲密的亲子关系。如果没有一种"倾听意识"，如果没有耐心听孩子把要说的话说完，而是一味地将自己的喜怒哀乐强加给孩子，很容易对其造成消极影响。

比如，孩子说话得不到父母的重视，他们只能把自己的秘密埋藏在心里，父母无法知道孩子的所思所想，对孩子的教育就会无的放矢；如果孩子的说话权得不到父母的尊重，久而久之，就会与父母产生对抗情绪，是不利于亲子关系和谐发展的。

有时，人们的行为问题只是由于情绪没有得到宣泄，压抑在身体里需要找到方式来发泄出来，于是就出现了各种行为问题；通过倾诉使情绪得到宣泄之后，行为问题就会烟消云散。

倾听孩子的时候，孩子是在倾诉自己的感受。要想构建和谐的亲子关系，要想让孩子言听计从，要想让孩子对你无所不谈，家长就必须先树立一种倾听的意识，学会倾听孩子的心声。为了促进孩子继续述说，或者找到真正的问题所在，就要学会倾听。

1. 积极回应孩子的话

当孩子说完话的时候，为了表示家长在认真倾听，最好回答一些"嗯"、"哦"、"这样子"、"然后呢"之类的话；同时，也可以鼓励孩子继续说下去。当然，还要伴随一些肢体语言，比如点头、微笑等。

2. 主动重复孩子的话

在孩子的一句话中，通常会有很多内容，家长对不同内容进行重复会产生不同的效果。例如：

例1

孩子说："我昨天在学校一点都不开心。"

重复1："昨天?"(强调昨天这个时间段)"是的,就是昨天,还好今天没有。"

重复2："在学校?""是的,学校真是个令人讨厌的地方。"

例2

孩子说："我昨天和小明一起去公园玩了。"

重复1："昨天?""是的,昨天我做完作业,就和他一起去了。"

重复2："小明?""小明是我的好朋友,我的同桌,非常强壮。"

重复3："一起?""是的,就我们两个,没有其他人。"

重复4："公园?""是的,就是那个离我们家最近的儿童公园,那里面可好玩了,有一个大草坪……"

重复孩子不同的话,会对孩子接下来要说的方向产生影响,所以家长要选择自己想了解的进行适当重复。

3. 内容的回应和情感的回应

对孩子所说的内容或感受,要用自己的话再解释一遍。一方面,告诉孩子自己在认真听,并且认真思考,鼓励孩子继续说;另一方面,也可以了解孩子的真实意思。例如:

孩子:"我真的很生气,齐齐怎么可以这样?我平常对他那么好,他没带笔我都借给他，整天都和他一起玩，他怎么可以和别人说我小气，让别人不跟我玩？"

家长："你觉得他无中生有，让你感到很生气吧？"

另外，还要注意，在倾听的过程中，不要对孩子的思想和行为急于下结论。只有耐心听完孩子的叙述，才能了解其真实的想法。

◆ 真诚的称赞

赞美就像糖，适度地吃，孩子会觉得甜，会留下美好的回味；可是，如果吃多了，孩子就会觉得腻。赞美并非花言巧语，花言巧语的赞美，往往会让孩子觉得父母不真诚，使孩子对父母产生反感甚至厌恶。所以，父母对孩子的赞美要适度，不要用花言巧语一味地赞美。

星期一早上，一家人正从成都开车去北京。六岁的珊珊坐在后座，看起来像个天使，她安静地坐着并且在专心沉思。妈妈认为，她的表现值得赞美。这时候，汽车正好开入一个隧道，妈妈转身对她说："珊珊，你真是个好孩子。你非常听话，我以你为荣！"

可是，一分钟后，珊珊拉出烟灰缸，并把烟灰缸里面的东西往父母身上倒下去。这时，烟灰与烟蒂不断泄下，如同原子弹爆炸。在车水马龙的隧道里，全家差点呛死。妈妈很生气，最令她气愤的是，她刚才还赞美她。难道赞美不再对儿童有用吗？她自问。

几个星期后，珊珊自己说出了自己犯错的原因。原来，她觉得妈妈不是真心称赞她的；而且，安静地坐在车上本来就不是什么大不了的事，妈妈却说出"以她为荣"这种话，感觉更像是对她的羞辱。

案例中，妈妈并不了解珊珊的想法，只是一味地称赞她，结果造成了她对妈妈的不信任。

在教育孩子的过程中，有一个很重要的原则就是——适度地投其所好。只有孩子喜欢的奖励，对孩子才是一种强化；如果孩子不喜欢这种称赞，就可能形成反效果，所以一定要慎重选择强化物。

家长只能在发自内心的欣赏的情况下对孩子进行称赞；并且称赞要符合事实，不要过多的称赞，因为那样会使孩子麻木。如果不是发自内心的称赞，家长的潜意识就会表现出来，并且给自己的孩子传递这种信息，久而久之，不但会让孩子不再相信家长，称赞也会变得没有效果，甚至造成相反的效果；另外，要尽量评判孩子的品质个性，例如乖巧、聪明等。

◆ 允许孩子犯错误

每个来到世上的孩子都是不同的，也都有属于自己的问题。没有一个孩子是完美的，他们都要通过实际经验和间接经验学习各种技能。

只要是人都会犯错，孩子当然也不例外。让孩子从错误中学习成长，可以避免更大的错误，实现更好的成长。一味地期待孩子不犯错，不仅会让孩子对人生产生不正确感，还会阻碍孩子的发展。

没有观察到错误，实践过错误，孩子就永远不知道什么是正确的；没有体验过挫折的孩子，永远都不会了解成功的喜悦。不犯错是永远达不到的目标，孩子也会对父母的期待感到无助，因此要允许孩子犯错。

1. 每个孩子都会犯错，这是正常的

父母要依据孩子的能力，调整要求的标准和对孩子的期许。每个孩子拥有的能力不同，孩子的才华也会随着每个不同的发展阶段而改变。尤其是面对特别弱的领域，孩子更需要父母的协助和引导。

父母不能给孩子灌输：犯错是不应该的。适当地让孩子从错误失败的体验中得到经验，可以避免下次犯更大的错误。只有体验了失败，才可以知道成功要付出多少努力，才能体验到成功的快乐。如果孩子从来都没有失败过，所有事都是一试便成功的，成功随手可得，生活就会少一些乐趣，也就没有成功的乐趣可言。

2. 到底是谁的错

七岁的明明十分顽皮，经常会在家里跑来跑去。妈妈多次警告都不听，终于有一天，他将家里的花瓶打破了。

这种情况下，父母是否应该责备这个打破花瓶的七岁孩子？笔者认为，一方面，七岁的孩子还没有金钱与价值的观念；另一方面，即使他了解花瓶的价值，也不要期待孩子记得住。

孩子嬉戏时打破物品是一件非常正常的事，即使父母一再耳提面命，仍不是孩子的错。因为在游戏中，孩子早已忘记了父母的叮咛。孩子失去控制时所犯的错，不应怪罪在他们身上。那么，父母应该怎么做呢？首先，可以给予他适当的惩罚，让孩子在错误中学习，帮助他学会：以后不要在花瓶这种易碎物品附近跑动，见到这些物品要特别小心。这样，以后他就会减少打破别人家东西的可能性。其次，可以将他爱跑动的行为转换为其他行为，例如，帮助妈妈做事。

3. 如果不允许犯错

如果不允许孩子犯错，孩子就会以不健康的方式反映出来：

（1）隐瞒错误，不说真话，责怪他人。

因为害怕被处罚或失去父母的爱，孩子会隐瞒自己所犯的错，或者将责任推卸给他人。为了隐瞒自己犯的错，为了不被发现，为了不被处罚，有些孩子就会说谎。如果孩子急欲隐瞒自己的过错，久而久之可能发展出分裂的人格。换句话说，孩子一方面得到父母的爱，但另一方面又担心，如果自己犯的错被发现，就必须面临失去爱的痛苦。

努力隐瞒错误的孩子，内心会认为，自己不值得父母爱他们。即使父母仍给予孩子满心的爱、支持、赞美与了解，孩子依然会悄悄地对自己说："如果你知道我做的错事，你就不会这样对我了。"这种不值得父母疼爱的想法，会不断地将孩子推离父母的爱与支持。

当孩子隐瞒自己的过错时，内心的某个部分已关闭，不会让爱进来。有了父母的支持，孩子就会感到强壮与自信。这种支持一旦被切断，孩子就会渐渐产生不安全感。如果有人对孩子说"不要告诉你的爸妈，这是我们之间的秘密"，也会对孩子造成伤害。

如果孩子害怕告诉父母自己犯的错或是他人的错，就会在亲子之间筑起一面墙，隔绝掉父母欲给予孩子的支持与爱。可是，如果父母单方面要求孩子保守秘密，可能会造成更大的伤害。比如，"好，我让你吃一支冰激凌，可是你不要让爸爸知道。"看起来是一句不经意的话，却会导致孩子与妈妈较为接近，而与爸爸远离。

当然，更具伤害性的是以处罚要求孩子守住秘密。比如，虐待孩子的父亲说："如果你跟妈妈说，我就会好好教训你一顿。"除非孩子开口向母亲说明一切，否则长久隐瞒所导致的伤害，将远大于父亲对孩子的虐待。

犯错是正常的，错误是可以弥补的，但不敢向父母坦诚的孩子却没有挽救的机会。

（2）没有自尊且自我谴责。

很多时候，孩子都会经由自己受到的待遇来评量自己，当父母经常因为孩子的行为或错误感到挫折、生气、困窘或担心时，孩子就会认为自己不值得父母爱。为了实现父母的期待，为了取悦父母，孩子会尽力表现得完美。可是，任何一个人都不是完美的，孩子可能有很好的表现，但付出的代价却是自我评价的低落。

无法取悦父母，孩子就会认为，自己不够好。当孩子表现不如预期时，父母显露出的负面情绪，孩子都会完全接受。父母的反应是孩子衡量自己的重要方式。为了让孩子对自己作出正面的评价，父母应该适时地调整对孩子的期待。

快乐、包容、尊重、了解、关心和信任的父母，带给孩子的是正面的暗示，传达的是孩子良好表现的暗示。在潜意识中，孩子也会对自己感到满意。在这样的环境下，孩子就会勇敢地尝试，做真正的自己，因为他们相信自己，对自己有信心。

在孩子前九年的生活里，充分地给予无须害怕犯错的自由，可以培养孩子的安全感，也是父母给予在纯真岁月的孩子的礼物。培养九年的感觉，一辈子也不会消失。即使孩子长大，学习了为自己的错负责，纯真的感觉依然会如基石般藏在心里。

许多大人都不愿意冒险，因为他们对自己犯错时的要求过于苛刻，害怕面对错误，或者任何发生错误的可能。在小的时候，他们多半会因犯错而遭受惩罚，内心对犯错的恐惧一直持续，即使他们的父母可能已不在人世，他们依然无法忘怀随着犯错而来的惩罚。所以，当他们犯错时，对自我的要求比其他人会更为强烈。

不论是不善待自己的人，还是不善待别人的人，别人都无法善待他。女孩倾向于处罚自己，而男孩子则倾向于为自己不正确的行为辩护，处罚别人。可是，不论男孩或女孩都有产生这两种倾向的可能。如果孩子因犯错而遭受惩罚，定然无法原谅自己或犯错的那个人。

要想避免孩子产生这些负面反应，就要让孩子知道：犯错没有关系。这样孩子就会从父母对待自己的方式及父母对自己犯错时的反应中，学会如何爱自己。

能为自己犯的错道歉的父母，孩子也会自然地明白什么是原谅。如果父母从来都不曾犯错、道歉，孩子永远也没有机会学习如何原谅他人。相反，如果父母犯错却又从不为自己的错道歉，孩子将误以为全都是自己的错，而责怪自己。

如果孩子缺乏练习原谅父母的机会，就不知道什么是原谅自己。当孩子看见犯错的父母依然爱着自己，等孩子自我意识逐渐发展后，他们就会意识到自己的不完美。可是，因为有了父母犯错与道歉的经验，自己不完美的事实也就变得比较容易接受了。

◆ 适当满足孩子的需求

如今人们的生活条件越来越好，大多数家庭都只有一个孩子，所以几乎所有的家长都舍得在孩子身上花钱，只要孩子张嘴，家长就会毫不犹豫地加以满足。

对于这种做法，大多数家长不以为然："我们有这个经济条件啊！""满足孩子的要求也没什么困难，为什么不能让孩子高兴呢？"甚至一些家庭条件不好的也说："没钱借钱也要给孩子买，别的孩子有的，咱的孩子不能没有。"

可是要知道，如果孩子过多关注吃、穿、玩，势必会减弱对学习的注意力。孩子的任务是学习各种知识与生活技能，是养成各种良好的行为习惯，过分地满足孩子的需求，会让孩子骄奢而不知道进取。

我们经常会听到一些家长叹息：孩子的脾气太坏了，想吃麦当劳就得马上去买，时间晚点就会哭闹不休；看到自己喜欢的玩具就不撒手，不给买就躺地上打滚；想到动物园去玩，刚说没时间，马上就大发脾气。

对于孩子提出的要求，满足了他，他会笑得像花儿一样灿烂；拒绝了他，他可能会哭得令你心疼。所以，虽说无奈叹息，但大多数家长出于对孩子的爱，只要孩子一哭一闹，很少有无动于衷的，要么赶紧哄劝，要么赶紧答应孩子的要求。

一个年轻母亲在博客上留言写道：

我是一个6岁女孩的妈妈，一直以来都觉得，馋嘴愿望得不到满足的孩子，容易变得更加馋嘴。所以，对女儿的馋嘴需求总是有求必应，抽屉里永远装满了各种吃食。一旦馋嘴的欲望得到了满足，女儿就会摇头晃脑地哼哼唧唧、手舞足蹈地浅吟低唱。

她的这种表现，让我得到了极大的心理满足。随着孩子的日渐成长，她对零食的态度已经变成了无所谓。抽屉里杂七杂八的零食总被遗忘，每次采购的数量也只好减少。

零食吃完后，孩子开始向各种玩具进军。对玩具的兴趣越发浓厚，什么都喜欢，见什么都要，不管男孩玩的枪炮，还是女孩玩的小动物，似乎永远也没个够。可是，很多玩具都只玩一次就扔一边不要了。

我们家的条件虽然不错，有足够的条件满足她，可是现在家里的玩具都可以开玩具店了，多得实在是没地方放了，但这孩子还要买。上次，我和她讲不能再买了，只有这一次没有满足她的要求，她竟然满地打滚、哭闹，甚至说要杀了我们。

这孩子咋这样啊，现在我们真不知该怎么办了。

有句成语叫"欲壑难填"，说的是如果纵容欲望，欲望将是无止境的。孩子只要想要什么东西，家长就立即给予满足，长此下去，孩子就会不懂得克制自己的欲望，更没有耐性去等待欲望实现的过程。

人类的欲望是与生俱来的，每一个人都有生理的欲望、生存的欲望、享受的欲望、实现人生价值的欲望。可是，任何欲望都不能无限制地膨胀，否则就会跌到欲望的沟壑里难以自拔。孩子的物质需求不是不能满足，要看具体情况而定。有些需求可以满足，而有些需求则不能满足。

为什么这么说呢？如果孩子提出的任何需求，我们都不打折扣地加以满足，久而久之孩子就会在心里形成一个定式：我要什么就有什么，我想要的东西没有得不到的。这样孩子就会表现得贪心无度、期待不劳而获、缺乏奋斗意识、缺乏耐性、抗挫折能力差等。

案例中的孩子，正是家长溺爱的结果。无度地满足孩子需求，孩子就会变得越发贪心，最终导致孩子出现心理偏差。

生活中，许多家长都有这样的体会，每当带着孩子走进玩具店或者商店的时候，孩子总会没完没了地要求买各种玩具和食品等。这是许多父母感到头痛的问题，很多家长也遇到过类似的事。

父母无法满足孩子所有的需求，但可以满足孩子必要的需求。事实上，如果父母只是有求不应，却无法针对孩子的真正需要给予满足，亲子双方反而会出现越来越多的不信任。孩子是通过父母对待与倾听他们的方式而了解自己的，当孩子拒绝上学、吃蔬菜或不听从要求时，就说明，他们需要更多的时间、关心、了解和引导，孩子需要父母去了解他们真正的需求，并且充分提供给他们所需要的。

◆ 共同探索，一起成长

在当今社会，大多数家庭都是独生子女，对于一个普通家庭而言，"6个大人围着一个孩子转"的局面早已司空见惯。可是，很多来自家庭的教育却欠妥。专家指出，家庭教育对孩子十分重要，直接关系到孩子的未来，父母的一举一动都在潜移默化地影响着孩子。

家庭教育是一门艺术，任何一个人都不是天生的教育高手，也都不是天生就会做家长，家长教育孩子的过程，也是父母与孩子相互尊重、共同教育、共同成长的过程。

在女儿刚上小学的时候，张女士便对她寄予了很大的期望。因为在整个幼儿园时期，女儿都是老师的宠儿和同伴的佼佼者，而且女儿还会背很多唐诗，学过舞蹈。所以，张女士便理所当然地认为，女儿上小学也应该是没有问题的。可是，连着几次单元测试后，张女士便发现了问题。

当时，张女士很在意孩子的分数。虽然她没有像其他家长那样在路上大声训斥女儿，但回了家却狠狠地责备过，也说了一些让女儿倍感压力的话，结果后来只要张女士一提到考试女儿就紧张，越紧张就越考不好，女儿变得沉默、胆小和不自信，上学路上再也不叽叽喳喳地和她说学校的生活了。张女士感到一阵的焦虑和自责，之后便找到了笔者。

我们告诉她，必须用一颗平和的心态来包容女儿成长中的点滴。即使女儿成绩不好，也不要轻易责备，更不能动手；同时，还要对孩子的点滴进步给予鼓励。

之后，张女士便不再过多地关注女儿考试时的分数和排名了，经常带着孩子去公园玩耍，还进行户外长途跋涉，参加各种活动……这些不仅开阔了孩子的视野，也锻炼了孩子与人交往和抗挫的能力。平时，张女士还经常邀请女儿的同学到家里玩，让她在和同伴的玩耍中学会担当和包容。慢慢地，女儿变得活泼开朗了。

在帮助孩子快乐成长的过程中，张女士自身也在不断地进步和成长。后来见到笔者的时候，感慨地说："你想要孩子变成什么样，就一定要让自己变成你希望的样子，和孩子共同成长。"

沟通的目的是为了让父母与孩子更加了解对方，明白对方的真实想法，然后共同探讨出观念之间的平衡。这种改变需要与孩子共同探讨，孩子有了改变的意愿才会付出努力，而这种与孩子共同协商改变的计划，也能够督促孩子自我监督。

在人与人的沟通过程中，任何行为和思想的传递都是双向的，并不仅仅是孩子学会某些行为、改变某些观念，家长也会从中得到成长，学会怎样对待孩子，并从孩子身上发生的转变强化家长对于自己发展的期望，从而达到共同发展的和谐效果。

第八章　特殊儿童的暗示教养

前面我们所说的都是正常儿童的教养方式。可是，在现实生活中还存在着一群特殊儿童。他们的行为偏离正常范围，被列入到需要一定心理和生理治疗的范围内。对于他们，父母的教养显得无能为力，需要专业的医生来进行治疗，其实父母还是可以采用一些教养方式，使得他们的状况减轻的。

◆ 多动症儿童

在我们咨询室，经常会来一些"问题"孩子，家长会让我们鉴定一下，他的孩子是不是多动症患者。要想解决这个问题，首先，我们就要知道，究竟什么是多动症？

在《中国精神障碍与疾病标准3》里，对多动症是这样定义和诊断的：患有多动症的儿童多在3岁左右，与同龄儿童相比，有明显的注意力集中困难、注意力持续时间短暂，及活动过度或冲动等症状。这些症状的发生会出现在各种场合，如家里、学校和诊室等，而且男童明显多于女童。

症状标准：

1. 注意力障碍

注意力障碍，至少有下列内容中的 4 项：

1）学习时容易分心，听见任何外界声音都要去探望；

2）上课不专心听讲，经常会东张西望或发呆；

3）做作业拖拉，边做边玩，作业又脏又乱，常少做或做错；

4）不注意细节，在做作业或其他活动中经常犯粗心大意的错误；

5）丢失或特别不爱惜东西，比如，把衣服、书本等弄得很脏很乱；

6）难以始终遵守指令，如完成家庭作业或家务劳动等；

7）做事难以持久，经常一件事没做完，又去做其他的事；

8）与他说话时，经常心不在焉，似听非听；

9）在日常活动中经常丢三落四。

2. 多动

多动，至少有下列 4 项：

1）需要静坐的场合难以静坐或在座位上扭来扭去；

2）上课时经常做小动作，或玩东西，或与同学讲悄悄话；

3）话多，好插嘴，别人问话未完就抢着回答；

4）十分喧闹，不能安静地玩耍；

5）难以遵守集体活动的秩序和纪律，如游戏时抢着上场，不能等待；

6）干扰他人的活动；

7）好与小朋友打逗，易与同学发生纠纷，不受同伴欢迎；

8）容易兴奋和冲动，有一些过火的行为；

9）在不适当的场合奔跑或登高爬梯，喜欢冒险，容易出事故。

"严重标准"：对社会功能（如学业成绩、人际关系等）产生不良影响。

"病程标准"：起病于 7 岁前（多在 3 岁左右），符合症状标准和严重标准至少已 6 个月。

"排除标准"：排除精神发育迟滞、广泛性发育障碍、情绪障碍。

其实，使用"多动症"这个名称就意味着，孩子有发展性精神障碍，严重程度达到了病理极。可是，随着社会对心理学的普及，很多人对一些心理学的概念一知半解就随便滥用，有些老师和家长只要看到调皮一些的学生，就会认为是多动症；有些道德水平不够、不负责任的老师，还会希望学习成绩不好的家长带孩子去医院测量是否是多动症，如果确诊，老师就不用为孩子的学习负责了。

可是要知道，孩子被带去医院做检查，可能会给孩子的心理造成伤害，他只是比别人更喜欢动，怎么就被老师和爸爸妈妈说成是有多动症了？而如果家长不注意对孩子隐私的保护，其他亲戚朋友都知道孩子的多动症倾向，也可能会给孩子留下心理阴影。

其实，生活中常见的顽皮好动的孩子，极少数会满足上面的标准。所以，笔者认为，当感觉到孩子过于顽皮和好动的时候，首先要相信这是正常的；然后，再采用我们教授的暗示教养方法进行逐步改造。

如果孩子经过诊断，确实患有多动症，也可以配合我们的教养方法，多和孩子做一些游戏，多给孩子一些生活方面的暗示，如此，多动症也是可以被治愈的。

◆心理或生理创伤后的儿童

2008 年 5 月 12 日，四川的汶川发生了 8 级强震。突如其来的灾难、死亡、家园残破，对所有人的人生观、世界观都是一种难以言喻的考验和折磨。地震不仅带走了家园，带走了死去的人们，也给活下来的人带来了严峻的挑战。

作为一名热爱祖国的心理咨询师，笔者决定远赴汶川，为灾后的人们送去一点温暖，尽自己的绵薄之力。结果，与一群灾后孤儿的短暂相处给笔者留下了终身不可磨灭的印记。

这些孩子平均年龄不超过 9 岁，却在一夜之间痛失双亲。笔者先对他们进行了团体治疗，帮助他们释放情绪；接着，在团体情景中，给他们的潜意识灌输了生的希望、正向的理念；同时，辅助以艺术治疗和仪式。

面对突如其来的灾难和变故，孩子的心理都会出现阴影。如果不能及时进行正确的心理疏导，心理阴影就会在孩子心理逐步扩大；如果不及时疏导、解决，心理创伤可能会伴随孩子的一生，给其性格、就业、生活等方面带来极大的负面影响。

1. 专业治疗

如果孩子确实受了心理创伤，首先，要让他们将自己的不良情绪充分表达宣泄出来；同时，用鼓励的语言暗示他们：悲伤是很正常的，宣泄过后就好了。这时候，这种悲伤也许会化为其一生的动力，成为他们一辈子的鞭策力。

其次，要鼓励其与患有同样病症的伙伴一起相处。一方面，他们拥有相似的创伤经历，更容易体验到对方的感受，心里就会舒服一些。另一方面，当他们将注意力转到其他人身上时，就会更多地关注自己的优点，从而对自己产生正向积极的暗示。

最后，了解孩子的愿望和想法。在治疗过程中，要找到他们内心的力量，暗示他们自己能够帮助自己成长，并且用自己的愿望作为引导。

2. 家庭治疗

上面是对创伤孩子的专业治疗，那么家庭中该怎样与治疗配合引导创伤后的孩子，使他们走出阴霾呢？

（1）理解孩子的痛苦，给孩子适当的时间去适应，不能要求孩子很快就走出来。如果强行将情绪压抑回去，假装开开心心地生活，可能会使情况更加严重。因为孩子的潜意识并不快乐，他们牢牢记着悲伤，虽然意识控制着他们不能表达出来，可是潜意识还在无时无刻发挥着影响，所以应该让孩子自然地适应一段时间，家长只要及时给予关爱、照顾即可。

（2）适当地给孩子提供情绪发泄的机会，让他们将痛苦说出来。

（3）情绪得到缓解后，以适合孩子的方式对孩子进行鼓励，帮助他们找到生活的动力。

（4）和孩子做一些心理小游戏。

1）愤怒墙。

鼓励孩子将令他们生气的人、事、物，如车祸肇事者、病毒或死神画下来，贴在墙壁上当"箭靶"；然后，再用黏土猛力投掷在"箭靶"上，以不伤人的方式痛快地缓解压抑的怒气。这时候，孩子就会手拿"武器"，满脸通红，甚至泛着泪光，大声吆喝着激动的言语，以惊人的爆发力把所有的怨恨在瞬间"投射"出来。在孩子完成活动后，要给予他们爱的拥抱，安抚高涨的情绪，同时为孩子的勇敢表示喝彩。

2）"忘忧娃娃"。

让孩子将忘忧娃娃放在枕头底下。要让他相信，用心制作出的娃娃，可以在睡梦中除去自己的烦恼，或是给他提供一个可能的解决之道。

3）"梦捕手"。

引导孩子用毛线编织梦捕手，并且将"梦捕手"的传说讲给他们听：印第安人相信，梦会在人间游荡，唯有"梦捕手"才能捕捉美好的梦，流向做梦者的幻想世界；而噩梦则会被过滤下来，禁锢在圆中心四周的编织绳结上。

◆ 学习障碍儿童

学习障碍并没有被列入中国精神障碍的标准之中，但近几年国际和国内都有大量研究，又称学习困难。患有这种症状的孩子，学习活动一般都无法达到与其生活年龄相应的教育程度或水准，学业成绩、技能、知识的发展受到明显的阻碍。

根据《精神疾病的诊断和统计手册》（DSM－IV），可以将学习障碍区分为几种主要的类型：阅读障碍、写作表述性障碍、非定型的学习障碍、发展型协调运动障碍。

如何来判定学习障碍呢？可以通过以下五个方面：

（1）具有身心发展迟缓或障碍，学习技能障碍。

这种身心发展的迟缓或障碍，主要指大脑中枢神经的发育迟缓和失常，这是据以推测学习困难的基本因素。

（2）认知与信息处理的技能不全或存在缺陷。

学习是一种信息处理的过程，这一过程包括输入、接受、整理、归类、表述等环节。如果在学习中这些环节不全，孩子就会学习困难，可以运用心理测定加以检查。

（3）基本学习能力的掌握明显存在困难。

基本的学习能力是指听、说、读、写、计算、抽象概括等技能。

（4）对具体学科学习的困难。

由于缺乏基本的学习能力，就会对有些学科例如语文、数学等的学习产生困难，比如，不能阅读、不会计算等。

（5）由于学习困难派生出的心理障碍，产生某些不良情绪、行为。

需要注意的是，有学习障碍的孩子不是弱智，也不是一般的学习成绩差。孩子要满足上述 5 个方面中至少 4 项，并且智商测验水平在 70～75 分以上，才是学习障碍的孩子。

如果孩子大脑神经中枢系统的发育迟缓和失常，最好采用医学模式配合心理治疗，纯粹的心理模式治疗效果是有限的。

在教育这类孩子的过程中，首先，要接受他们学习困难的事实，不要强迫他们做他们达不到的事。学习困难的学生一般都自信心不足，可以降低标准和要求，鼓励他们从小事做起，培养他们的信心。

其次，如果是某些方面的障碍，一方面要相信他们是可以改变的；另一方面也不能盲目乐观，可以积极寻找替代的方式。比如，孩子有书面阅读的障碍，就可以多和孩子做些小游戏，也可以给他读些书，帮助他自己去寻找最佳的替代方式。

第四部分

结　语

第九章 孩子心灵的工程师

父母是孩子的第一任老师，其知识、学问、品德、修养、才能等积累越厚实、越丰满，传输给孩子成才的爆发力才会越强，对孩子良性的影响就越大。为了扮演好父母这个角色，就要不断提升自我素质，不断学习和积累教育孩子的知识和能力，只有这样，才能更好地担当起教子成才的重任，才能逐渐净化孩子的心灵，成为孩子心灵的工程师。

◆如果可以再选择一次

有这样一个问题：

如果可以再选择一次，你还愿意将孩子带到人世间来吗？

明确了这个问题，就可以帮助家长回忆起教养孩子的点点滴滴，也可以帮助我们看到家长与孩子的关系。

答案：

第一，如果你选择愿意，说明良好的正向经验占有较大的优势。不管你有多少抱怨，你和孩子之间的关系还是正向积极的。

第二，如果你选择不愿意，说明负面的经验占优势。你和孩子之间的关系可能没有想象的那么乐观。

有时候，孩子就像天使；但有些时候，他们也很像恶魔。对孩子而言，大人同样如此。有时会有和蔼、悲悯、温柔的一面，有时就会表现出不耐、生气和恨铁不成钢的挫败感。

如果选择"愿意"继续当孩子的爸妈，就要牢记这样的正向经验；同时，在未来的亲子生活中，继续以此正向念头支撑这一甜蜜的负担。

若选择"不愿意"，也要探索究竟是什么原因造成无法看到孩子天使的那一面，无法在负担中尝到甜蜜的滋味。

当然，父母如果不能照顾好自己，就更无法照顾好孩子。没有快乐积极的父母，通常也很难有快乐的孩子。父母自身的情绪会从潜意识里对孩子乐观性格的形成造成影响；而父母积极的言行，也会被孩子观察学习，这些都是塑造孩子心灵的工程师。

◆ 合格父母的特点

相信，任何一个家长都希望自己在孩子的心目中是"合格"的。那么知道"合格"父母的标准是怎样的吗？

1. 不将自己的观念强加给孩子

不论父母心里怎么想，孩子都不可能完全按照父母的期望而长大。"合格"的父母一般都不会做削减孩子专注的事情，而会信任孩子，自己则在一旁守候着他。

生活中，在看到孩子专注某件事情的时候，很多大人就忍不住去干涉他。即使不是故意为之，但往往在不知不觉中就出手了。为什么会这样？因为大家都非常焦虑。笔者认为：这样做不仅不合理，而且不太好。孩子只有在专注的时候，才能把自己当作自己，把自己视为一个整体的意象，而去实际感受。

一直以来，我们都强调，要平等地对待孩子。可是，对于孩子来说，占上风的人永远是父母。孩子看不到父母对他的尊重、信赖和爱等，只有不断的要求，教他做各种父母喜欢的事。所以，只有用实际行动对孩子表现出信赖、尊重和爱，孩子才会感受到："啊！这就是爱！这就是信赖！"如果父母自己没有以身作则，孩子绝对学不会。

例如，在孩子做错事的时候，如果父母只是单纯地发怒、说教，孩子根本不会体会到平等、尊重，根本感受不到父母是在和他做交流。而当孩子被斥责时，根本不愿意听父母所说的话；被父母责骂的时候，孩子记得最清楚、印象最深刻的，是父母在责骂之际凶巴巴的外表模样，骂些什么话反而不会记得。

如果换一种方式，平静地对孩子说："我真的很担心你！"开始，孩子或许一时之间还搞不清楚，但至少会愿意接受父母，停止当下正在做的被认为"不好"的事情。这时候，孩子虽然不理解，但只要感受到了父母的暗示，就会暂时停下来。之后，对于自己为什么会在那个时候停下来，孩子自然会花时间去思考。

2. 言传身教，以身作则

如果想让孩子学会随手关门，最佳的方式不是一直说教，而是自己在任何他看得到和看不到的时候，都随手关门。

如果想让孩子学会尊敬别人，最佳的方式不是一直跟孩子说尊敬长辈有多少好处，而是看到长辈就主动打招呼，并表示尊敬；同时，提醒孩子，可以跟着自己的样子来做。

……

这就是以身作则，这就是合格父母的重要条件，也是让孩子行为发生改变的最佳方式。

◆父母是一种角色扮演

父母也是人，也有正常人会有的情绪。当遇到愤怒的事情，也会控制不住自己，可是在孩子面前，就要有效地控制自己的情绪。对于一个三岁的孩子来说，看到桌子上有钱，多半会拿起来玩，有些甚至还会将其撕碎。这时候，孩子并不懂得钱的价值，此时过分地表达自己的情绪，毫无意义。所以，父母是一种角色扮演，在孩子面前必须是父母的角色。

母性是可以训练出来的。成龙和古天乐合作拍摄过一部电影，叫《宝贝计划》。这部电影主要讲述的是：两个小偷无意中偷到了一个孩子，结果发生了一系列令人啼笑皆非而又感动人心的故事：

两个完全没有照顾孩子经验的大男人，拿眼前这个可爱的小宝宝束手无策。在照顾宝宝的日子里，两个大男人尽管出尽了洋相、吃尽了苦头，但在保育员淑芬的帮助下，逐渐地爱上了这个孩子，并成功地扮演了孩子爸爸和妈妈的角色。

这虽然是一部电影，但现实生活中也不乏这样的例子。孩子一出生，母亲就撒手人寰，父亲又当爹又当妈地将孩子养育长大，由此可见，母性是可以通过学习、练习训练出来的。

心理学研究证明，人的性别角色并不是与生俱来的，而是后天习得。男孩通过家庭和社会的教养越来越像男孩，而女孩也会通过家庭和社会的教养越来越像女孩。

不同的性别在生活中扮演的角色也是通过学习习得的，而开始的时候都仅仅是角色扮演而已。男孩扮演男孩的角色，经过父母和社会的强化，就会逐渐内化为自己真实的角色，于是男孩成为了男孩，女孩成为了女孩。

父母角色的形成也是类似的。父母通过模仿和社会舆论学习扮演父母的角色，学习成为父母；在作为父母的时候控制情绪，也是角色扮演的一种。因此，在扮演父母角色的时候，就要成为父母应该有的样子。

◆ 成为好父亲的方法

我国古训有"养不教、父之过"，古代封建社会是男权制，那个时代不重视妇女的作用，因此突出了父亲的地位。这话虽然是不正确的，但是父亲在教育孩子方面确实有不可推卸的责任和义务。也可以说，父亲不能随意放弃教育孩子的责任。

现代教育理论认为：父亲教育孩子，能增加家教中的男性性格因素，即男子汉特有的气质：阳刚、勇敢、坚毅等。继承父亲的这种性格因素，无论对男孩还是对女孩都很有必要，而这种教育不是母亲可以替代的。可是，如今很多父亲都对子女的教育漠不关心，仿佛照顾孩子天生就是妻子的义务，只要自己去赚钱就行了。但事实并非如此，父亲的作用并不亚于母亲。

曾经有一个针对社交恐惧症和恐高症的患者进行调查，通过了解其幼年时父母的教育方式，发现了父亲对孩子的精神健康的重要影响。父亲的棍棒和皮鞭，比起母亲，更容易引发孩子对社会的恐惧。这也正说明了父亲的教育态度，对于培养孩子独立人格的重要性。可是，即使懂得这个道理，以工作繁忙为理由漠然置之的父亲也不在少数。

很多孩子在缺少温暖、不知父爱为何物中默默地成长，父亲也在没有快乐、从未体验过与子同乐的幸福中悄然老去。即使到最后明白了这一切，也为时已晚。这时候，子女们早已在这个位置上填满了别的东西，在他们心里，父亲已经不复存在；而父亲也会彻底变成"即使回到家，也没人欢迎"的孤家寡人。这时候，再去后悔，再去思考诸如"原来我的人生出了问题"之类的事，已经晚了。那么，如何才能做一个好父亲呢？

1. 主动参与进来

参与到孩子的教养当中，这是成为好父亲的前提，也是成为一个好父亲的开始。不要将照顾孩子的事情都推给妻子。

2. 抽出时间与家人相处

每周至少安排一天与家人相处的时间，每周至少有 2 个小时陪年幼的孩子玩。这样，孩子才能够通过与父母的相处，感受到父亲的关爱，学习到父亲的行为和个性。

3. 与妻子扮演不同的角色

父亲和母亲同时扮演严厉的角色或者同时扮演温柔的角色对孩子的发展都是不好的，孩子可能形成懦弱的个性或者骄纵的个性，刚柔并济才是塑造孩子优秀品德和性格的关键。

4. 多与孩子聊天

好父亲通常都喜欢和孩子聊天，比如告诉孩子，父亲在工作上出现了小失误，是上司帮忙掩盖过去。这时候，只要坦率地告诉孩子自己当时的感受，并真诚地同孩子进行交流，就可以了。

在听这些故事时，孩子会联想到在学校里和同学、师长间相处的事情，然后会根据自己的经验，重新判断如何去做才更明智。通过与父亲的交流，孩子的心灵会很快成长起来，而他们也会在这个过程中得到生活的智慧。

不要忽视了孩子的意见，在和孩子的对话中，家长也可以得到解决烦恼的蛛丝马迹。孩子的想象力和理解能力，往往超越大人的常识标准。把工作上的事情对孩子坦诚相诉，孩子也会慢慢理解做父亲的苦衷，这也是加深亲子关系的良好时机。

5. 与孩子一起读书、讨论

与孩子一起读书、讨论，不仅可以加深亲子关系，更能练习沟通，使得父子之间的沟通更流畅。另外，父亲和母亲的社会生活经验不同，思考的范围和视角也不同，一起参与讨论可以给孩子提供更多的思路，引发孩子更丰富的想法。

6. 全家人一起旅行

带着孩子一起去旅行，感受世界，不仅可以让孩子增长见闻，还能让孩子拓宽视野，增长学识，也可以加以改善亲子关系。

例如，带孩子游览有名的寺庙或书院等地方的时候，可以为其讲讲此地的历史故事。如此，在旅行的过程中，孩子不仅会领略到优美的山水风光，还会学到地理和历史知识；既修身养性，又能培养品格。虽然有时也会经历磨难，但却可以学会忍耐。

◆ 成为好母亲的方法

现在，女人的地位逐渐改变，很多女人开始追求自己的生活与事业，虽然大部分孩子还是由母亲教养，可是将孩子扔给爸爸或者公婆的现象也不少见。

露露是个五岁的女孩，妈妈的家教很严格，经常因为女儿淘气调皮打她。有一次，露露说脏话，妈妈大怒，便用缝衣针戳女儿的嘴巴，直到女儿承诺以后再也不这样了才罢手。但是，打是打了，可是女儿依旧无法无天。

露露在幼儿园里是最厉害的孩子，经常欺负小朋友，会强迫其他小朋友每天给她带糖，否则就打小朋友。每天，都有小朋友被她打哭，老师几乎天天跟家长告状。

有一次放学的时候，老师又跟露露妈讲述了孩子的不良行为。露露妈不顾周围的众多家长和小朋友阻拦，大声地怒斥孩子："以后别让我知道你再这样，不然我打你会比你爸还狠，你听到了吗？"露露根本就不在乎，笑眯眯地点头说："听到了。"

事实证明，用打来管理孩子的方法几乎是很少有成效的。习惯性的挨打会带来两种结果：一种是让孩子屈从外来的暴力，不会自我保护，逆来顺受；另一种就是孩子会更加逆反，会以牙还牙，而这两种结果都不是家长想要看到的。

如何才能成为一个好母亲呢？

1. 主动参与进来

要参与到孩子的教养中去，不能仅仅满足孩子的物质需求，要陪孩子玩，和孩子一起学习，和孩子一起思考，和孩子一起动手。如此，才能增强亲子互动的乐趣。

2. 爱孩子，关心孩子，关注孩子的需求

相对于父亲，母亲承担着更多的养育责任。在婴儿时期，如果孩子得到母亲的关心与悉心照料，当孩子出现需要的时候，母亲能及时注意并满足，孩子就会对母亲形成安全型的依恋。如果母亲对孩子的物质和情感需求没有及时满足，都会影响依恋的形成。

3. 走进孩子的世界，了解孩子的爱好、个性

随着孩子的一天天长大，一旦发现孩子不再黏着自己了，一回家就独自回房间做自己的事。有些妈妈就开始觉得失落，抱怨孩子没有良心。其实，之所以会出现这种状况，主要原因就在于，妈妈每天忙着家务，无暇关心孩子的心理状态；孩子长大了，兴趣更广泛了，而妈妈又没有时间去了解孩子的"新玩意"，例如网络游戏、微博等，孩子与妈妈就逐渐没有了共同语言。

所以，除了关注孩子衣食住行、学习之外，要抽出点时间关心孩子的新爱好；同时，要对新鲜事物有所了解，随时保持与时俱进。

◆ 合格的家长与优秀的孩子

对孩子的教养是没有捷径的，需要父母双方共同培养、齐心协力，真正发自内心地爱孩子、关心孩子，只有合格的家长才能培养出优秀的孩子。

1. 保持快乐积极的心态

积极的心态有利于身体健康，能够让父母全身心地欣赏生活的乐趣，看

到孩子身上的闪光点；能调节家庭生活氛围，为孩子创造轻松、良好的学习环境。

父母与孩子接触的时间是最多的，我们的情绪变化会直接影响孩子的情绪；同时，孩子心情不错，自然就会提高学习兴趣，提升学习成绩。因此，父母要用积极的方式与孩子交流，给孩子积极的语言暗示，不断促进孩子对各种事物的积极性与好奇心。

一个乐观的家长浑身充满积极的力量，会将自己积极的情绪带给孩子、感染孩子，这种带动会让孩子感受到积极生活的意义，促进孩子积极性格的形成。

2. 平等对待孩子，尊重孩子

只有被人尊重，孩子才可能获得自尊，并可能学会尊重别人，而自尊和尊重他人是成为一个具有健康人格的人的首要条件。

孩子还不成熟，自尊意识往往处于嫩芽状态，特别容易受到伤害，一旦他们的自尊受到伤害，他们便会用诸多的"不听话"来进行对抗。所以，父母应当具有保护孩子的权利意识，给孩子足够的尊重。可以说，是否尊重孩子，对孩子一生的发展起着关键作用。

3. 每周抽出时间与孩子共处

抽时间和孩子们在一起，不仅是一种方法，更是一种关爱。

有一个男孩缠着父亲陪他到小区的花园里玩。父亲说："我太累了，没有时间玩。"男孩失望地问："你一天能挣多少钱？"父亲回答说："50元。"

又一个周六早上，男孩走到正要离家的父亲面前说："爸爸，我'买'你一天行吗？"父亲有点儿摸不着头脑。只见儿子从衣袋里掏出三张纸币塞到父亲的手里："我的压岁钱，50元钱！今天你就陪我吧！"

这位父亲深有感触，事后感叹道："孩子的童年只有一次，为了赚钱而牺牲孩子宝贵的童年欢乐，真是太不划算了。"

当今的时代生活节奏很快，许多父母忙工作、忙赚钱，致使和孩子在一起的时间越来越少。但千万要注意，越是忙碌，越要多抽出点儿时间和孩子在一起。如此，才能增加亲子感情，让孩子进一步感受到父母的爱。

4. 每天都要与孩子进行沟通

与孩子沟通是父母和孩子之间最愉快和最有意义的事情之一。可是，随着孩子的成长，他们也会变得越来越独立。父母要充分利用有限的时间和孩子进行交流，了解他们的思想观。

申超的父母都在经商，经常早出晚归，申超有时几天都见不着父亲的面。爸爸就给他找了一个辅导老师补课。因为时间上协调不成，孩子离家出走了。申爸后来跟老师说，我自己这样辛苦挣钱还不是为了他，一点小事就闹出走，实在不知道孩子心里在想什么。

繁忙的工作，大量的应酬，使很多家长和孩子之间长时间缺少交流，而家长却觉得自己为了家庭努力工作、挣钱，孩子应该理解。实际上，孩子不仅有物质上的需求，也需要精神和心理上的开导和安慰。

父母要尽可能多地照顾家庭和孩子，不让孩子感到自己被忽视。要多点时间和孩子在一起，吃饭、看书、看电视……如此才能了解孩子的心理状况。即使孩子出现了什么问题，也能及早发现。

5. 相信孩子是会朝着好的方向发展的

信任能将孩子内在的潜能激发出来，从而展现出信心和能力；信任能让孩子更愿意呈现出美好之处，从而展现出美好的品质。

信任孩子是激发孩子的内在力量。父母从小给予孩子充分的信任，孩子就会展现出这些能力和品质，体验到内心的自在和快乐。

第一，要向孩子传递信任的信息，比如："我相信你是个有能力的人，遇到问题总能想到解决办法。"通过眼神、表情等身体语言来表达对孩子能力的信任。

第二，授权并支持孩子按照他的想法去解决问题，为孩子提供练习的机会。

第三，在孩子解决问题后，无论结果是好是坏，都要认可孩子的能力，鼓励孩子。如果要提出改进意见，可以和孩子一起讨论，切忌用批评的方式指出不足。

让我们一起成为孩子的心灵工程师吧！

参考文献

［1］杨俐容：《30 招教出高 EQ 小孩》，天下杂志出版社，2013 年 3 月版。

［2］张德聪：《培养孩子6 个成功生涯的礼物》，张老师文化事业股份有限公司，2014 年 5 月版。

［3］张英熙：《看见孩子的亮点》，张老师文化事业股份有限公司，2013 年 5 月版。

［4］［美］茵素·金·柏格，［美］特蕾西·史丹纳：《儿童与青少年焦点解决短期心理咨询》，黄汉耀译，四川大学出版社，2004 年 8 月版。

［5］［美］约翰·葛瑞：《正向教养这样教》，阮贞桦译，晨星出版有限公司，2008 年 9 月版。

［6］［日］内田树·名越康文：《教养的危机》，黄经良译，台湾商务，2008 年 11 月版。

［7］Kevin T. KaliKow：《我的孩子该不该服用精神药物》，陈信昭译，台北心理出版股份有限公司，2009 年 4 月版。

后　记

亲爱的家长朋友们：

读到这里，我相信，你们已经对暗示教养法有了初步的了解和认知。上面所介绍的方法都是我多年经验的总结，真诚希望我的这些方法能够给您的育儿过程带来帮助和启发。如果你有什么问题，随时可以和我保持联系。我相信，在育儿这一点上，你我是完全可以成为朋友的！

教育孩子是个漫长的过程，需要家长足够的耐心，在这里，我也衷心地祝愿各位，能够让自己的孩子健康成长；同样祝福我们的孩子，会学习，会做人，知理，懂事，未来前途一片光明。